黑龙江省精品工程专项资金资助出版
深蓝装备理论与创新技术丛书——“极地工程装备研究”系列

破冰船核动力装置

——以“泰梅尔”号为例

编　著　刘新凯　王　苇　李　韧　张　磊　王　坤
主　审　吕襄波　邱志强

哈爾濱工程大學出版社
Harbin Engineering University Press

图书在版编目(CIP)数据

破冰船核动力装置:以“泰梅尔”号为例/刘新凯等编著. —哈尔滨:哈尔滨工程大学出版社,2024.3

ISBN 978-7-5661-4183-5

Ⅰ.①破… Ⅱ.①刘… Ⅲ.①破冰船-核动力装置 Ⅳ.①U674.21②TL99

中国国家版本馆 CIP 数据核字(2023)第 235720 号

破冰船核动力装置——以“泰梅尔”号为例

POBINGCHUAN HEDONGLI ZHUANGZHI——YI “TAIMEIER” HAO WEILI

选题策划 史大伟 雷 霞

责任编辑 宗盼盼 马佳佳

封面设计 李海波

出 版 哈尔滨工程大学出版社

社 址 哈尔滨市南岗区南通大街 145 号

邮政编码 150001

发行电话 0451-82519328

传 真 0451-82519699

经 销 新华书店

印 刷 哈尔滨午阳印刷有限公司

开 本 787 mm×1 092 mm 1/16

印 张 11.5

字 数 227 千字

版 次 2024 年 3 月第 1 版

印 次 2024 年 3 月第 1 次印刷

书 号 ISBN 978-7-5661-4183-5

定 价 49.80 元

http://www.hrbeupress.com

E-mail:heupress@hrbeu.edu.cn

序

极地是世界上最大的未经勘探的资源宝库,也是人类始终寻求探索的神秘之地。我国长期开展极地环境保护、科学考察与研究,积极为开发、利用和治理极地做出贡献。近年来,全球气候变暖,北极冰层消融加速,一方面,可能引发全球自然环境的变化;另一方面,也为各国利用北极航道和开发北极资源提供了机遇。我国是北极事务的重要利益攸关方,在地缘上是“近北极国家”,积极发展支持生态环境保护、冰区勘探与航行的极地技术装备,是认知、利用和保护北极的重要基础。

俄罗斯在极地技术装备方面起步早、研究深、使用经验丰富,特别在核动力破冰船的设计、建造、运行方面优势明显。自20世纪50年代以来,俄罗斯先后研发了OK-150、OK-900、OK-900A、KLT-40、KLT-40M、RITM-200等不同功率等级的多型破冰船核动力装置,装备了多型破冰船。本书编著者长期从事船用核动力装置研究工作,以开拓的视野和专业的技术素养,全面、系统、科学地展示了俄罗斯“泰梅尔”号破冰船及其核动力装置的设计方案和技术细节。本书内容丰富、结构清晰、行文流畅、用词准确,兼具科学性、理论性和实用性,既可作为科普性科技图书,也可作为专业人员的工作指导用书。希望本书能够为核动力破冰船和破冰船核动力装置领域的人才培养提供帮助,并能为我国该领域的装备技术发展提供有益借鉴。

2023年9月

前　言

南极与北极具有独特的自然环境和丰富的资源，大部分海域常年被冰层覆盖。在经济全球化、区域一体化不断深入发展的背景下，两极地区在战略、经济、科研、矿产、旅游等方面的价值不断提升，受到国际社会的普遍关注。为打通极地航线，破冰船必须具有强大的破冰能力。破冰船可以通过各种方式去除航路上的冰层、冰块，是冰海中带头前进的拓路者，可以引导运输、科考、观光等船只安全地通过极地海域。俄罗斯是当今世界上拥有破冰船最多的国家，在南极和北极地区设有大量基地和港口，极地探索经验十分丰富。核动力装置由于功率高，不需要频繁油料补给的特点成为俄罗斯破冰船推进动力的重要选项。自1959年世界第一艘核动力破冰船“列宁”号服役以来，俄罗斯共研制了6型破冰船核动力装置，装备了12艘破冰船。于1989年服役的“泰梅尔”号是其中的典型代表，配置1座KLT-40M反应堆，主要对北极地区海岸、港湾甚至内河河口等浅水区域实施航道破冰作业。

本书主要对俄罗斯“泰梅尔”号核动力破冰船及其核动力装置进行详细介绍与分析，共设9章，其中第1章介绍了“泰梅尔”号核动力破冰船的总体技术性能，第2章至第9章分别介绍了“泰梅尔”号核动力破冰船核动力装置的轴系、蒸汽轮机、汽轮发电机和反应堆及一回路系统主要技术性能等，可为我国极地核动力破冰船及破冰船核动力装置的论证、设计、建造、运行、维保、退役等全寿命周期装备管理活动提供有益借鉴。

由于编著者能力有限，书中难免存在不足和错误之处，恳请广大读者不吝指正。

编著者

2023年8月

目　录

绪　论

“泰梅尔”号和“瓦伊卡其”号核动力破冰船，是苏联自芬兰购买的首批破冰船，由芬兰赫尔辛基船厂分别于1988年和1989年建造。这两艘破冰船均安装了由圣彼得堡的波罗的海工厂所生产的核动力装置。

发电装置用来产生并且向各个用电单元提供电能，其用电单元包括核动力发电装置和整船系统及其机械机构。核动力装置的蒸汽发生器用来产生蒸汽，并驱动各个蒸汽涡轮装置（蒸汽涡轮装置包括2个国产的主汽轮发电机、1个辅助汽轮发电机及其他的整船机械装置和系统）工作，而电力装置则作为3个推进电机与辅助的机械装置和系统的电源。

“泰梅尔”号和“瓦伊卡其”号核动力破冰船的蒸汽装置包括4个蒸汽发生器、2个主汽轮发电机、2个主冷凝器、2个辅助汽轮发电机、1个除氧器、2个低压汽轮发电机及3个用来生产淡水的海水淡化装置。除此之外，其还有1个用于启动蒸汽发电装置的冷凝器（冷却用冷凝器）和2个独立工作的辅助蒸汽锅炉。主汽轮发电机为3个推进电机提供电能，3个定距螺旋桨的功率是相同的。

在巨型的北极破冰船上应用核动力装置具有以下优势：主发动机在不使用化石能源和氧气的情况下，具有大功率连续不间断工作的能力。核动力装置所具有的优势使它得到了广泛应用（不论是在核电站上，还是在破冰船以及海军的作战潜艇上）。

核电站的核动力装置的热效率可以达到约35%。

破冰船的核动力装置的热效率要明显低一些，大约为22%（主要原因是，在蒸汽涡轮装置工作循环内蒸汽的参数要更低一些，从核反应堆到涡轮的能量传递系统使用了双回路设计）（图0-1）。破冰船的核动力机组单台功率可以达到56 MW（如“俄罗斯”号核动力破冰船）。尽管如此，核电站所生产的电能成本与热力发电厂是相当的。

核电站的环境清洁性要远远高于使用有机燃料的热力发电厂，而且它的事故率非常低，因此核动力技术在未来会得到更大的发展。在发展过程中，核电站的安全性会不断得到提高，同时也应该吸取过去事故的教训，比如发生在苏联切尔诺贝利核电站的事故。

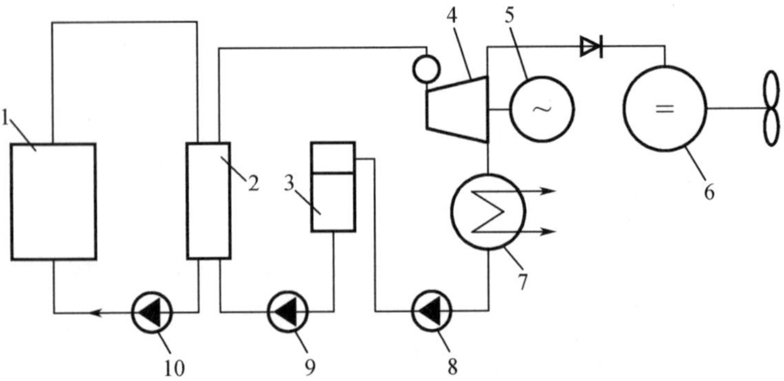

1—核反应堆；2—蒸汽发生器；3—除氧器；4—主汽轮机；5—主汽轮发电机；
6—推进电机；7—冷凝器；8—凝水泵；9—给水泵；10—主冷却剂泵。

图 0-1　带有蒸汽涡轮和螺旋桨电动装置的双回路核动力装置

第1章
"泰梅尔"号核动力破冰船

1.1 核动力破冰船总述

核动力破冰船(以下简称"破冰船")在吃水深度为 8.05 m 时排水量为 19 350 m^3,在吃水深度为 9 m 时载重量为 3 550 t。破冰船符合船舶登记局关于破冰船的 KM 建造等级要求,以及破冰能力 LL2 等级要求。

这些无航行区域限制的破冰船可以被用于在北极海域和西伯利亚河流河口水域(周围环境的温度可以达到-50 ℃左右)工作。在龙骨以下深度只有 0.8 m 的条件下,破冰船的制造结构和工艺能够保证船体的最低吃水深度(8.05 m)。在没有雪覆层的情况下,破冰船以 2 kn 的速度航行,能够破冰的厚度为 1.77 m。

为了改善破冰船的冰上通行能力,破冰船安装有 2 台气动冲洗装置。空气从两侧船舷向下沿着船体吹向吃水线,从而减小破冰船的运动阻力,并且改善它的冰上的通过性。保障海上航行的安全以及周围环境的绿色清洁是对建造和运行这类装置最主要的要求,其中包括预防船只相撞、控制主发动机的故障、自动控制系统的故障、避免沉船事故以及搁浅事故,等等。破冰船的设计和建造带有很大的结构强度与不沉性的余量。例如,当某一破冰船与型号为 ca15 的破冰船(载重量约为 2 万 t)以 7 kn 的航速突然相撞(对破冰船的船舷侧舱体垂直撞击)时,不会发生核反应堆及其控制和操作系统的损坏。破冰船的自动控制系统能够保障控制 1 000 多种参数,并且能够调节核动力装置不同组件、涡轮、泵、阀门上的压力和温度参数。

破冰船在北极结冰海域和不结冰的海域及常年的冰原航行时,具有很高的效率和机动性。破冰船能够克服冰山上厚达 3 m 的冰层;能够在纵倾角小于 15°、横倾角小于 45°的范围内工作,垂直加速度为 4.3 m/s^2,侧倾加速度为 8.8 m/s^2,纵向加速度为 0.72 m/s^2,船舷加速度为 3.8 m/s^2。

破冰船断电的持续时间不超过 10 s,中央动力舱体的主要用电设备至少由 2 个独立的电源和 1 个供电网络供电。破冰船使用备用的柴油燃料航行,在吃水深度为9 m时,柴油的自持力为10昼夜;在吃水深度为8.05 m时,柴油的自持力为3昼夜。在海水淡化装置不工作的条件下,饮用水的自持力为21昼夜,淡水的自持力为10昼夜,食品的自持力为120昼夜。破冰船的横向隔断将船分成10个不透水的舱体,船上的居住面积是按照船员乘组110人和12个乘客规划的,居住舱室共分为7层。

破冰船带有2个封闭式的救生艇(有自喷水功能),由玻璃纤维板制作而成,每个救生艇可容纳70人,航速为6 kn;带有14个型号为ПСН-10、容量为10人的自动充气式救生筏;带有半封闭结构的、钢制的工作快艇,长度为8.7 m。救生艇装备有外部的排水系统以及备用的呼吸辅助系统,可以保障10 min的可呼吸空气供应。救生艇携带的燃料储备足够以6 kn航速不间断地行驶24 h。在船体尾部的螺旋桨桨叶的上面设置了升降井,潜水员通过它可以在海底更换推进螺旋桨的叶片。

破冰船的总体性能参数如下。

· 长度:150.2 m;

· 宽度:29.2 m;

· 最大吃水深度:9 m;

· 最小吃水深度:8.05 m;

· 到主甲板的船舷高度:15.15 m;

· 3个推进电机法兰上的标称功率:36 MW;

· 水面上常航额定功率:25 000 kW;

· 主涡轮的数量:2个;

· 推进螺旋桨的数量:3个。

在水面上,破冰船的平均吃水深度为8.05 m,驱动轴以25 000 kW的功率运转,当风速不超过3级时,航速不小于18.5 kn。

破冰船装备有3个推进螺旋桨(2个螺旋桨向右旋转,1个螺旋桨向左旋转),每个螺旋桨由4片桨叶组成。桨叶是由不锈钢制成的,直径为5 m。在推进电机功率为32.5 MW,并且在龙骨以下的水深超过20 m的条件下,单个螺旋桨可推动重达295 t的船舶航行。

艉轴的轴承具有水润滑功能(图1-1),水来自淡水的离心泵(离心泵为6个,供水能力为30 m^3/h,供水压力为1.6 bar①,电动机功率为5.5 kW)。

轴承套由青铜制作。夹板由橡胶青铜制作(船尾轴承的长度为3 000 mm,船首轴承的长度为1 800 mm)。螺旋桨传动轴外面有由青铜制作的保护套,厚度为35~40 mm,保护套之间的空隙玻璃纤维加以保护。型号为deep sea seals Ltd的

① 1 bar=100 kPa。

艉轴管道具有密封盖。其内部密封盖型号是 MB,外部密封盖型号是 MX4。密封盖带有可拆卸的密封圈和不可拆卸的可磨损的胶木板制作的密封圈。弹性力是由波纹管组件产生的。气胀密封装置“气动阻滞”安装在内部密封盖的固定支撑密封圈上。在充气的状态下,它能够形成传动轴外部不渗水的密封连接(空气供给的压力是 6 bar)。船尾轴承由船尾的专门抽水系统加压提供淡水(图 1-2)。

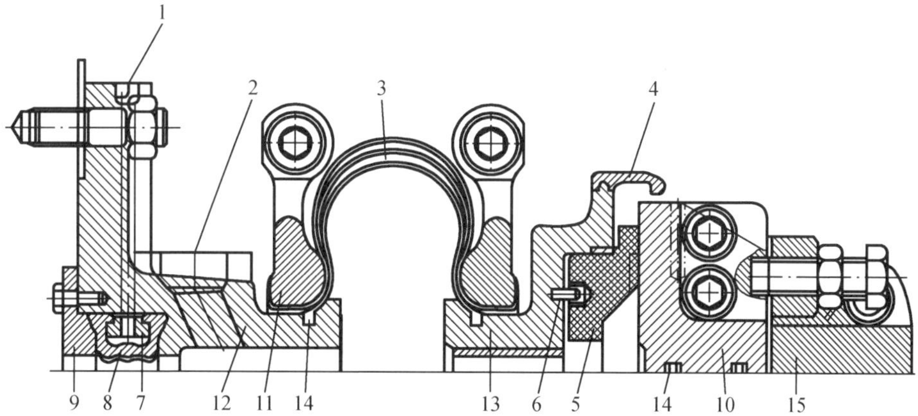

1—空气注入口;2—注水口;3—减震环;4—防溅环;5—间隔环;6—定位器,尺寸为 96 mm;
7—止推环;8—充气环;9—定位环;10—支撑枕;11,12,13—装配环;14—密封条;
15—装配拉紧环(艉轴套筒)。

图 1-1 艉轴管装置(横截面)

型号为米特切拉的推力轴承带有一个由巴比特金制作的轴颈轴承。轴颈轴承具有自动调整功能。

推力轴承的润滑是由推进电机轴承的润滑系统提供的。

螺旋桨传动轴通过型号为 SKFOK 710HB 的套管与过渡传动轴相连接。

传动轴转弯机构(对于螺旋桨传动轴有 3 个,对于主汽轮发电机有 2 个),专门用于螺旋桨传动轴和主汽轮发电机低速传动轴的转弯。

操舵装置是一个半悬挂式的半平衡舵,带有 2 个铰链,舵叶面积为 18 m^2。

操舵机 P24M3,是电力液压的四气缸柱塞装置,带有可变速率的电传泵机组(轴向活塞式水泵 HK50-1A-5-650П 的转速为 758 r/min,泵流量为 570 L/min)。电传泵机组带有电操作系统,能够保证通过外部的工位进行远程操作,也能够在事故状态下进行泵上本地手工操作,用电设备采用 380 V、50 Hz 的交流电。用于系统补充供水和控制的水泵,是从主水泵的电动机传动轴第二端头引入循环内的,这个水泵是齿轮泵 НШ-100-3-Л,在转速为 750 r/min 的条件下,泵流量为 75 L/min,水压为 1 MPa;还预留了单独的事故备用泵机组,功率为 7.5 kW，并且专门接入事故管网中。

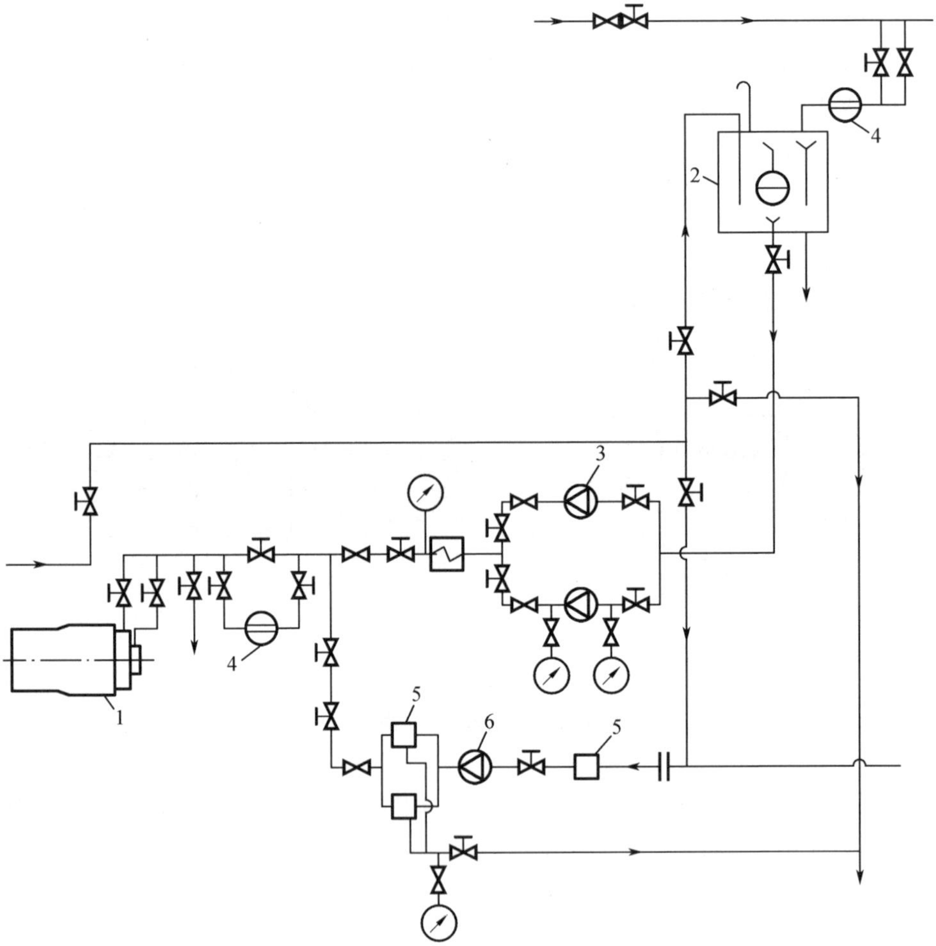

1—艉轴套筒；2—压力储存罐；3—艉轴抽水泵；4—流量计；5—过滤器；6—备用水泵。

图 1-2 艉轴管装置的淡水泵送系统

在方向舵舵杆上的标称转动力矩为 2 500 kN · m，其是由操作机在位移角为 35°、气缸内的工作压力为 16 MPa 的条件下产生的。在一个泵机组工作的条件下，从一侧船舷（35°）到另一侧船舷（30°）的位移时间不超过 28 s。

在安全阀调节相适应的条件下，传动气缸内的工作油质压力为 19 MPa。油质种类有“涡 T46”、“Тп-46”、液压油“АУП”、锭子油“АУ”，以及工业用油“И-20А”。在液压系统内的油质总量为 1 300 kg。

操舵机的控制系统能够满足以下类型的操作：自动操作、随动操作、简单备用操作、手动操作（本地的，即直接使用执行机械机构（装置“ИМ-2”）进行）。

在前甲板上安装有 2 个电动机械结构的锚泊系缆绞盘机，绞盘机由三速电动机驱动。在主甲板的尾部区域安装有 2 个电动机械结构的绞盘机，拉力为 870 kN。船上配备了 3 个霍尔锚，每一个霍尔锚的质量为 7 500 kg（其中一个是备用锚）。锚的链绳长度为 625 m。在第二甲板的尾部区域及主甲板上安装有系船柱（20 个），每一个系船柱的设计承重能力为 600 kN。在船尾还安装有带 3 个滚轮的导缆钩（4 个）和甲板装卸用的吊车（电动液压的，4 个）。

在破冰船的船尾安装有 1 个甲板吊车，起重能力为 12 t，吊车臂的伸展长度为 3~30 m；在船首有 2 个 3 t 的吊车，吊车臂的伸展长度为 14 m，以及 1 个甲板吊车 ЦЭО，起重能力为 20 t，吊车臂的伸展长度为 14 m。所有的吊车都配备有封闭的驾驶室，并带有取暖设备，可以在-50 ℃的温度下工作。

在船尾安装有拖缆绞车 TWT400E，以及 400 N 的缆绳存储器。拖缆绞车的作用是牵引直径为 62 mm 的钢制缆绳。拖缆绞车的构成组件有：2 个单独的带有 2 个敞开式传动装置的绞盘、2 个带式制动器、1 个变速箱、1 个直流电动机，以及 1 个可控硅整流器单元和外壳。绞盘和传动轴的咬合与脱离是借助于液压离合器实现的，液压离合器能够防止传动系统过载。带式制动器由一个液压气缸释放，借助于弹簧的弹力启动。气缸的手动控制模式需预先设计。

缆绳存储器的作用是提供足够的拉力，以防止缆绳在摩擦鼓轮之间打滑。

缆绳存储器是由液压机提供工作动力的，液压机是由高压液压机组驱动的。缆绳存储器的构成组件有：带有钢索绕叠器的鼓盘、带式制动器、牙嵌离合器、带有自动盘线装置的备用缆绳，以及具有敞开式传动装置的液压机（高压径向活塞泵）。所有组件都装配在一个机箱之内。

液压机组包含 1 个可变流量的主水泵（功率为 55 kW）和 1 个工作压力约为 15 MPa 的可变流量辅助水泵（功率为 3 kW）。缆绳存储器的所有控制阀门和传送机构都装配在液压模块里面，其内还预先安装了功率为 3.6 kW 的液压模块冷却风扇，供风量约为 3 200 m^3/h。

绞盘配有液压带式制动器。拖缆绞车和缆绳存储器有一个公共的辅助高压液压机组，液压机组装备有所有必需的相关设备。拖缆绞车的构成组件有：2 个独立的摩擦鼓轮（摩擦鼓轮带有敞开式传动的直流电动机）、1 个变速箱、2 个带式制动器。拖缆绞车和缆绳存储器是由在航行指挥室内的操作台远程操控的，也可以由本地的控制台操控。本地控制台安装在拖缆绞车的位置。这种特别的设计，能够最大限度地实现速度的均匀调整。

拖缆绞车的主要性能参数如下：

· 当缆绳的拖缆速度为 0.23 m/s 时，标称拉力为 400 kN；

· 当缆绳的拖缆速度为 0.46 m/s 时，在没有负载的情况下，撤回缆绳的拉力为 195 kN；

· 最大的拉力为 720 kN/s；

· 带式制动器的制动力为 1 200 kN；

· 对于型号为 IWRC、直径为 62 mm 的钢缆，缆绳存储器的容量为 700 m；

· 电动机的功率为 135 kW；

· 工作时间可以达到 45 min；

· 当电动机以恒定的转动力矩旋转时，转速为 55～1 100 r/min；

· 当电动机以恒定的功率运转时，转速为 1 100～2 200 r/min；

· 液压拖缆减震器是按照 2 140 kN 的拉力设计的；

· 在缆绳拉力为 450～800 kN 的条件下，缆绳的伸缩余量为 1 000 mm；

· 直径为 62 mm 的钢缆，拉断负载为 2 140 kN，长度为 700 m。

在破冰船上建有直升机的降落平台，以及用于直升机 KA-32 工作的一切必要设施。

型号为 ЦП-50 的焚炼炉（功率为 15 kW，焚炼垃圾的能力为 50 kg/h），用于焚炼垃圾和船上生活废品，由英国的国际气体服务公司生产。用于生产气态氮气的装置（氮气发生装置）“PSA”，每小时的氮气生产量为 3 m^3（标准），所需要的功率为 0.2 kW。所获得的氮气用在以下场合：

· 在直升机燃油系统里面提供升高的氮气压力（惰性气体，压力为 0.01 bar）；

· 用氮气吹洗直升机的燃油管道（压力为 1 bar）；

· 在直升机授油之前将氮气充满直升机的燃油系统（压力为 2 bar）；

· 用于直升机油箱内的气动燃油测量装置（压力为 1 bar）；

· 在伺服直升机时向直升机供给氮气（压力为 5 bar）；

· 用于拖缆绞车的液压缓冲器；

· 在停机的状态下将主涡轮系统的管道注满氮气（压力为 1 bar）；

· 使用可移动的气瓶，向各种有需求的部件提供高压氮气（压力为 170 bar）。

氮气发生装置包括以下设备：

· 0.3 m^3 压力为 5 bar 的储气瓶；

· 1.3 m^3 压力为 6 bar 的储气瓶；

· 压力为 7 bar 的高压氮气瓶；

· 压力为 200 bar 的可移动的高压氮气瓶；

· 以空气为工作气体、型号为 MAXIMATOR DLE 5-30 的气动压缩机（用于产生 7 bar 的压力并供气，供气能力为 50 m^3/h）。

氮气发生装置能够以 5 bar 的气压从气动自动装置系统里的空气中获得所需要纯度的氮气，实现方法是使空气中所含有的最小的氮气分子在分子过滤器中过滤，分子过滤器是由特殊的材料制作的。在氮气发生装置的空气入口处气压可以调节到 7 bar，根据不同的需要，可生产体积分数为 99%、99.8% 和 97% 的氮气：每小时的体积分数为 97% 的氮气生产量为 5 m^3（标准），每小时的体积分数为 99% 的氮气生产量为 3 m^3（标准），每小时的体积分数为 99.9% 的氮气生产量为 1.5 m^3（标准）。氮气向气瓶的充气和气压控制都是自动实现的。氮气发生装置的工作原理是在空气的吸附过程中造成压力的变化（变换）。压缩空气被压入支管内，支管内含有专门的石墨分子筛，它能够在高压下吸收空气里的氧气，并且只允许氧气分子通过。当支管内的氧气吸收达到饱和时，将空气的供给切换到没有充满气体的支管内，而对第一个支管进行减压操作，保障氧气的退吸附，并通过排气管道将饱和的氧气排放到大气中。管道从因为高压吸附过程所形成的多余的含氧状态中释放出来，恢复并准备好开始新一轮的压力吸附过程。在循环末端的吸附器和缓冲器之间最大的压力差为 1 bar。随着氮气生产率的提高，它的化学纯度将会变差，也就是说在氮气里面将含有更多的氧气。

在输入的空气中，如果油的含量过高，就会导致分子过滤器的污染变性，因此，必须对氮气发生装置的进气系统进行特别设计。在入口处空气应该达到露点温度 40 ℃，并且清除油的污染（进气过滤器应该在充满油和液体的情况下及时更换）。在缓冲器的内部，气压应该在 5 个循环之内缓慢地增长到 6.5 bar。在吸附层内，气压在每一分钟都会经历从 0 到 7 bar 的变化，中间有短暂的过渡均衡过程。

抢救水泵：有 4 个泵水量为 400 m^3/h 的可移动的电力潜水水泵，以及 1 个泵水量为 100 m^3/h 的水泵。

破冰船可以在平整的强度约为 500 MPa 的冰面上不间断地以约 2 kn 的速度航行，冰层的厚度为 1.77 m，并且没有雪覆层，此时传动轴的功率为 32 500 kW，且不用气动冲洗，水深为 20 m。

单个推进电机的功率为 12 000 kW。功率恒定且同等转速条件下，推进电机向螺旋桨传动轴施加的力矩不变，当转速为 110 r/min 时，力矩为 1 042 kN · m；当转速为 190 r/min 时，力矩为 603 kN · m。推进电机的效率可以达到 97%。每个电动压缩机（共 2 个）所需要的功率为 1 000 kW。破冰船在冰上移动时，要求保证生活区域的噪声最小。破冰船给乘坐人员创造了最佳的生活条件。破冰船上有图书馆、电影厅、体育活动厅、休闲中心、带有桑拿浴的游泳池、摄影实验室，还有绿色植物暖房，用于种植新鲜的蔬菜和其他绿色植物。

1.2 核动力装置的工作原理

船用的核动力装置是一个综合体,包括核反应堆装置,配有必备的系统和元件。这些系统和元件用来保障船上热能、机械能与电能等形式的能源供应。在核动力装置中,用于生产蒸汽的热能是由特殊材料的原子核裂变产生的,这种物质被称为核燃料。主要的核燃料是铀-235 同位素的浓缩铀。

例如,要生产出 100 万 kW · h 的电能,只需要耗费 200 g 铀,这相当于 400 t 煤所产生的能量。

核反应堆装置作为核动力装置的一部分,包括核反应堆和直接与核反应堆相关的系统及设备。这些系统和设备是保障核反应堆正常运行、在故障条件下的冷却以及防止事故发生所必需的。

核反应堆装置用于实现原子核的可控链式反应,并最终产生热能。核反应堆的堆芯是核反应堆的一部分,包含有核燃料、慢化剂、中子吸收体、冷却剂及特殊结构单元,在特殊结构单元内发生可控的原子核链式反应,并且将能量传递给载热介质。

目前技术最成熟的核反应堆为压水堆。这种反应堆带有压力容器,里面放置有燃料元件。每一个燃料元件的主要结构是它的包壳及包壳里的棒状燃料芯块。

核反应堆的燃料元件是核反应堆的结构性元件,里面包含有核燃料。核燃料被放置在堆芯内部,生成大部分的热能传递给载热介质。燃料元件由很薄的包壳构成,包壳内填充了含有铀的核燃料芯块。燃料元件的包壳是燃料元件的最外面一层,它的主要作用是:防护外部的活性化学环境、阻挡分裂反应产物,以及保障燃料元件的机械强度和避免燃料的载热介质冲刷。泵机组通过核反应堆的堆芯压送载热介质(冷却剂),这些载热介质由于核燃料的裂变反应所释放的热量而被加热。铀-235 的原子核能够通过与热中子的相互作用而产生裂变。只有快中子有能力突破燃料元件的金属包壳。当碰到慢化剂时,快中子变化成热中子,渗透到燃料元件的邻近区域,引起铀-235 原子核的裂变。裂变后的碎片以极高的速度(2.0×10^{10} km/s)飞散开。依靠这种反应,原子核裂变在燃料元件内部释放大量的热能。

用水作为冷却剂,完成中子的慢化功能。正是在这种类型的反应堆中,水具有的双重作用确定了反应堆的类型——压水堆。这种反应堆也称为热中子核反应堆。水,特别是含有硬杂质的水,在反应堆内核辐射的作用下会变成放射性的水。这使得核反应堆的运行更加困难,因此必须采用双回路的核动力装置。在装置中,一回路的载热介质是在一个闭合回路里循环,将热量从核反应堆传送到蒸汽发生器,在那里热量被传递给二回路的工作介质(图 1-3)。这种设计方案的最主要优势是将放射性的环境限制在了一回路当中,则二回路系统的工作介质(蒸汽)完全不具有放射性。但是二回路装置的设备构成更加复杂,而且它的效率比一回路装置更低。

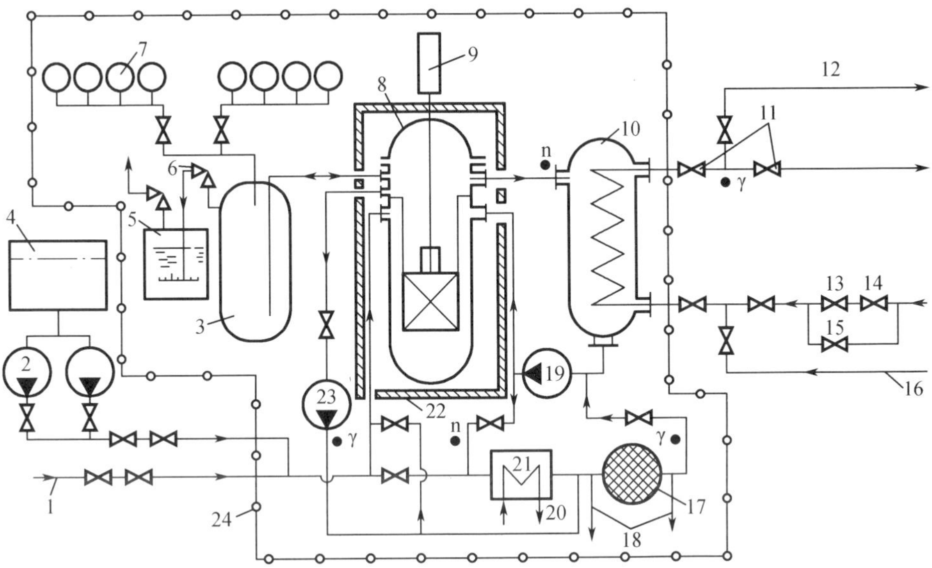

1—安注管道;2—补水泵;3—稳压器;4—储水罐;5—冷却水箱;6—安全阀;7—气瓶;8—核反应堆;9—控制棒驱动机构;10—蒸汽发生器;11—阀门;12—排至冷凝器;13—供水阀门;14—节流阀门;15—旁路阀门;16—事故供水管路;17—离子交换器;18—取样装置;19—主冷却剂泵;20—设备冷却水回路;21—过滤器;22—反应堆屏蔽装置;23—余热排出泵;24—反应堆二次屏蔽。

图 1-3 压水堆核动力装置反应堆及一回路系统

下面介绍核反应堆装置的工作原理和功率调节原理(总的来说,适用于所有的核动力装置)。

带有压水堆的核动力装置热循环原理图如图 1-3 所示。一回路的循环系统包括核反应堆、蒸汽发生器和主冷却剂泵。主冷却剂泵应该是绝对密闭的,并且是在任意温度下完全充满了载热介质。在加热过程中,载热介质的一部分从回路中被排出,而在温度降低时要向回路中注入,这一过程是在稳压器中实现的,且稳压器借助内部气腔(稳压器的上部和气瓶都充满了氮气)使一回路中的压力达到 11~14 MPa。

为防止一回路压力超过允许值,在稳压器中安装了 2 个安全阀(只用在核动力载驳船“谢夫马尔布奇”上）。通过这2个安全阀，载热介质被排放到冷却水箱中，在这里被排出的载热介质发生冷凝和冷却。

随着载热介质在回路中的循环，由于腐蚀和侵蚀作用，金属的腐蚀和侵蚀产物会进入载热介质中，这些产物通过堆芯区域后会活化。载热介质中的杂质很大一部分是以离子形式存在的，为了清除杂质必须使用离子交换器。离子交换树脂不能在高于60 ℃的温度下工作，因此在进入过滤器之前，水需要在过滤器的冷却器中进行冷却，而冷却器是被第三回路（设备冷却水回路）中的水所冷却的。在事故情况下，向蒸汽发生器供水是由备用给水泵（余热排出泵）完成的。此时，所生产的蒸汽先是被排放到主冷凝器，然后蒸汽和水被排放到冷却冷凝器。过滤器的制冷机是第二种冷却渠道，在这种情况下，过滤器后面的阀门关闭，而在冷却器后面的阀门打开，这样被冷却的载热介质就进入堆芯当中。在主冷却剂泵停止工作的条件下（即一回路的温度低于200 ℃），或者核反应堆的顶盖打开的条件下，剩余热能的排出就是在抢修冷却泵（余热排出泵）的帮助下，由过滤器的制冷机（余排冷却器）完成的。由于采样（取样）而造成的载热介质的损失，是借助于补水泵来进行补充的，同时高纯度的水储存在氮气垫（瓶）下面的专门储水罐中。当储水罐漏水时，一回路中的压力下降并低于所设定的下限，堆芯的紧急冷却是借助于专门的安注泵实现的，将水输送到安注管道中。在运行过程中，不能排除在蒸汽发生器管道里出现泄漏的可能性，如此类情况出现，将会导致放射性的载热介质（主冷却剂）被排放到二回路，这是绝对不可以的。因此，任何一个蒸汽发生器都能够利用隔离阀切断和二回路的蒸汽与水的联系。

核反应堆及一回路系统和二回路系统的功率调节（完全不适用于“泰梅尔”号破冰船，关于“泰梅尔”号破冰船的功率调节问题，会在后文详细介绍），原则上可以通过以下两种方式来实现：

· 对核反应堆及一回路系统和二回路系统分别控制；

· 对核反应堆及一回路系统和二回路系统联合控制。

在核反应堆及一回路系统和二回路系统分别控制中，核反应堆的蒸汽生产率保持在一个恒定的值，并且要比蒸汽涡轮装置的蒸汽需求量稍微多一些，多余蒸汽被排放到冷凝器中。这种对核反应堆及一回路系统和二回路系统分别控制的方式的经济性显然是不好的，但其能够在短时间内提高主汽轮发电机的功率，以及相应地提高螺旋桨的转速和电动装置的功率。核反应堆及一回路系统和二回路系统分别控制被证明是有效的，因为在这种情况下，核动力蒸汽发生装置的工作处于最佳模式（在一回路所确立的热循环模式下，核反应堆与蒸汽发生装置的功率处于恒定状态）。

破冰船的核反应堆及一回路系统和二回路系统联合控制是对二回路主蒸汽管道中的蒸汽压力进行调节，通过控制供应到蒸汽发生装置的水量来实现。蒸汽压力调节器的主要功能是协调核动力装置的蒸汽生产率与主涡轮的蒸汽消耗量，它根据在主涡轮之前的蒸汽管道内的蒸汽压力与额定值的偏差量来调节供水的流量。当蒸汽压力与额定值之间的偏差量超过±0.1 MPa 时，按照标准开度的±5%的范围改变供水阀门的开度。因为主汽轮发电机调节阀门的位移调节速度比供水阀门的位移调节速度高两个数量级，这就使得蒸汽压力的调节速度也能够达到足够大。相互关联的控制系统的组成部分包括一些调节装置，它们能够防止在主蒸汽管道内的蒸汽压力过高(多余蒸汽压力调节器)，同样能够防止蒸汽压力过低(最低压力调节器)。多余蒸汽压力调节器作用在一对向主冷凝器漏逸的阀门上，这个阀门在压力达到 3.2 MPa 时打开(多余蒸汽压力调节器的压力不均衡，达到 0.4 MPa)。最低压力调节器限制进入主涡轮的蒸汽流量。也就是说，当蒸汽压力大于 2.6 MPa 时，最低压力调节器将限制螺旋桨电动装置的功率。

在现代的核动力装置中，核反应堆的功率控制是由供水阀门实现的，对汽轮发电机的供水量进行调节。为了保证所设定流量的稳定性和准确性，以及供水阀门的线性特性，核动力装置采用了补充的节流阀门，保证了供水阀门中恒定的压力差。在某些情况下，核动力装置还可能会采用供水的旁路阀门。

核反应堆是最强的离子辐射源，因此核反应堆及其一回路的全部设备都要放置在生物屏蔽保护装置中，保护装置将离子辐射的强度降低到安全的范围内。通常生物屏蔽装置和防护性外壳集成在一起，防护性外壳的主要作用是阻挡放射性物质，以及防止它们不加控制地扩散到周围环境中。

在核反应堆装置的工作过程中，必须要控制下列参数：借助于控制棒驱动机构控制各个调节机构的状态、一回路内部的压力、核反应堆入口处和出口处水的温度、汽轮发电机内部的压力、在汽轮发电机之后的蒸汽温度、供水的流量和温度以及其他参数。对于载热介质放射性的监控是借助于 γ 射线探测器和中子探测器实现的。为了在燃料元件外壳失去密闭性的条件下，阻止裂变产物的外泄，在离子交换器的后面安装了测谱仪。除此之外，通过取样装置周期性地抽取样品，实现了在离子交换器的前端和后端对载热介质的放射性监控，以及对离子交换器工作状态的监控。

在船载核动力蒸汽发生装置中使用的是稍微有些过热的蒸汽。在涡轮内蒸汽没有达到极限湿度(按照涡轮叶片的腐蚀损耗条件，在出口处蒸汽的湿度不应该超过 12%)。在破冰船上的核反应堆装置具有鲜明的特点，即在一回路中，压力很高，这是为了防止堆芯载热介质沸腾(温度为 300～320 ℃时，饱和压力为 9.5～12.4 MPa)；而在二回路中，压力相对较低，蒸汽温度很低，即压力为 30 bar，蒸汽温度为 300 ℃。在核反应堆出口处，水的温度低于饱和温度，这个温度是与一回路中的压力相配合的，以某一个温度数值(15～25 ℃)低于沸腾的温度数值，这对于防止一回路中水的沸腾是必需的。相应地，在压力为 10~16 MPa、温度为 15~25 ℃的加热不足条件下，在反应堆出口处，水的温度就可以达到 310~315 ℃，因此在二回路中，在大约 3 MPa 的压力下就得到了稍微过热的蒸汽。

在蒸汽涡轮装置中采用非再生的基本热循环，并不意味着在蒸汽涡轮装置整体中不存在供水系统的再生加热。在本装置中对供给水的加热是在除氧器中实现的，加热是使用汽轮给水泵和汽轮循环水泵所产生的乏汽，或者是新蒸汽。如果使用新蒸汽作为加热用的蒸汽，则无法实现再生节约。与在除氧器当中加热水所需要的蒸汽量对比，乏汽有可能多余，也有可能不足。在这种条件下，人们可以通过将多余的蒸汽排放到主冷凝器中，或者向除氧器内增加新蒸汽来调节乏汽。

蒸汽涡轮装置基本热循环的最重要参数是主汽轮发电机冷凝器中的压力(2~5 MPa)。在冷凝器当中所能达到的压力最小值，整体上是由船外的水温所限制的，这个温度对于破冰船来说是 2~12 ℃。但是在实践中，人们发现冷凝器中的压力是由主涡轮最后几级叶片直径的允许尺寸以及船外水的流量所限制的。

蒸汽主要是主汽轮发电机的涡轮使用，涡轮是单外壳的、双流式的，能够把功率直接传递给主汽轮发电机。

使用蒸汽的其他装置如下：

· 汽轮给水泵；

· 汽轮循环水泵(保障将船舷外的水供给到主冷凝器的冷却装置)；

· 辅助的汽轮发电机；

· 海水淡化装置(保障核反应堆装置对淡水的需要)；

· 低压蒸汽发生装置(生产蒸汽用于日常生活的保障系统)；

· 蒸汽抽气器(用于从冷凝器、涡轮的密封端及抽气器的冷却器中抽出蒸汽空气混合物)。

船载的核反应堆装置包括以下主要系统：

· 一回路中载热介质的循环系统(一回路系统)；

· 二回路中载热介质的循环系统(二回路系统)；

· 为了补偿载热介质整体的温度变化，在一回路中的压力控制系统(压力安全系统)；

· 核反应堆的控制、监控和防护系统(控制系统)；

· 载热介质的净化系统(净化系统)；

· 一回路中载热介质的补偿系统(补水系统)；

· 一回路的冷却系统(余热排出系统)；

· 一回路中对载热介质放射性的采样和监控系统(取样系统)；

· 除气系统；

· 排水系统；

· 一回路中放射性水的保存和排放系统(放射性废液处理系统)；

· 回路间的设备冷却系统和初步的生物屏蔽防护系统(第三回路)(二回路系统)；

· 用船舷外水进行冷却的回路系统(第四回路)(海水系统)；

· 核反应堆装置区域的专门通风系统(堆舱负压系统、堆舱通风系统)；

· 专门的安全系统,即堆芯的事故冷却系统(注水系统、安注系统)、一回路中防止压力升高的系统(压力安全系统)、将防护外壳与外部环境截断的系统(堆舱负压系统),以及防护外壳中的降压系统(堆舱喷淋系统)。

1.3 核动力装置使用中的核安全

核安全是指能够以一定的概率防止核事故发生的核动力装置的性能、技术设备的状态以及所有管理措施的总和。

核动力装置使用中的核安全是由技术方面和管理方面的系统措施来保障的,其中包括发展和运用核反应堆内部的自保护性能,即建立在负反馈等自然安全,以及非能动安全基础上的安全保障特性。

从保障核安全的角度来说,核反应堆堆芯的基本物理特性,就是核反应性的温度系数和功率系数。这些系数是指,由于堆芯温度改变 1 ℃,以及功率水平从反应堆的标称功率改变 1%所引起的核反应性变化。在堆芯的工作温度区间,温度系数具有负值。核反应堆的稳定性,以及核反应堆的功率控制不仅能够通过调节棒移动实现,也能够通过二回路给水流量的改变实现。在核反应堆装置中一回路堆芯入口处载热介质温度发生改变,并引起了核反应性的改变。这自然也会引起核反应堆功率的改变,以及相应的蒸汽生产率的改变,保证了核反应堆处在自调节的状态下。

显然,存在一个核反应性温度系数的取值范围,这个取值范围能够在核反应堆处于任何一种工作模式并发生事故的情况下,以最佳的方式保障核反应堆的安全。对于船载核反应堆,这个系数的特征值为 $\alpha_Y = \dfrac{\partial \rho}{\partial Y}$,其中 α_Y 为空泡系数,ρ 为反应性,Y 为空泡份额。

对于核反应性的功率系数,同样存在一个最佳的取值范围,这个范围是由核反应堆堆芯的设计人员选择确定的。

核反应堆中核反应性的改变还取决于堆芯内的蒸汽含量，并且由核反应性的蒸汽系数来表征。

蒸汽的体积含量每变化1%，船载的核反应堆中核反应性的蒸汽系数就变化40~60 ppm（1 ppm=10^{-6}）。

为了保障在核反应堆内压力为13 MPa下一回路能够稳定工作，在堆芯内部的平均蒸汽含量不应超过3%。

相关的系统和设备、技术成熟度与可靠性、对系统和设备工作状态的监控、在运营过程中对工艺流程的监控，以及操作人员的纪律和职业熟练程度都能够保障核安全性。核反应堆装置应该由具有一定技术水平的专业人员来维护，这需要专门的人员培养和实习机制来保障。

国内外的核动力装置所发生的一系列事故，尤其是切尔诺贝利核电站事故，以及因各种原因在舰艇和船舶核动力装置的建造与运行过程中所发生的一些事故，使得核动力装置的安全问题变得更加尖锐。因此，在核动力装置的运行中，安全问题不仅仅具有技术上的意义，而且也具有社会上的意义，结果就产生了对于无限保障核能源安全，或者是完全排除在它使用过程中所有安全隐患的追求。

核动力装置是按照核安全的标准来建造的，其中包括国际上的核安全标准。这些核安全标准是在过去超过40年的各种型号核动力装置建造历史上所执行的标准，因此在船舶核动力装置的运行过程中，所发生的事故没有造成比较严重的后果。对于任何一个复杂动力系统的建造，由于装置组件的损坏、人员的操作错误，或者是其他外部原因，比如船舶船身航行性的损伤，原则上都不可能达到完全的可靠性。对于核动力装置来说，这些情况的后果会由于燃料特性变得更加危急，也可能会导致热爆炸的发生，爆炸原因是链式反应的控制被破坏，以及含有核热能的吸热组件的热量泄漏，或者是在热量超负荷的情况下，临界质量的形成。我们必须认识到，船舶自身就是一个潜在危险的客体。

船舶核动力装置的安全是由以下措施来保障的。

· 反应堆压力容器和堆芯燃料组件必须要有坚固性，这种坚固性能够在可能产生的核安全事故情况下，防止堆芯区遭到损坏。核安全事故是由链式反应的控制失败，或者核反应堆堆芯燃料组件的热量泄漏造成的。

· 在发生与核反应堆堆芯损坏，以及放射性物质泄漏有关的事故时，将放射性产物局部封锁在本系统内部，或者避免放射性产物传播到船舶之外。

因此，核动力装置装备有防护性的，或者防止事故发生的安全屏障，用于阻断可能发生的核安全事故，以及最终能够完全避免放射性产物传播到这些屏障之外的装置和系统。

与РБМК型号的核反应堆（切尔诺贝利核电站上所使用的）相比，所有的船舶核反应堆都具有坚固的压力容器，外壳能够承受两倍以上的工作压力，还具有防护性的安全壳,能够在工作回路密闭性被破坏的情况下,限制或者完全地阻断放射性产物的外泄。

船舶核动力装置不可能发生由于堆芯处温度失控性升高造成的反应堆超临界。

船舶核动力装置的设计已经考虑到了各种运行载荷,比如与海浪有关的运行载荷,以及在浅滩中与搁浅有关的运行载荷等。

一回路的冷却剂损失就是最危险的潜在事故,原因有两个:

· 在冷却剂全部或者部分损失的条件下,燃料元件的热能传输被破坏,会造成核裂变产物泄漏到一回路之外;

· 能量的大量释放会引起核反应堆区域环境参数的急剧升高,这会促使事态的进一步恶化,以及放射性产物向相邻区域和周围环境泄漏。

防止燃料组件的损坏是由以下办法来实现的:

· 保证核反应堆压力容器内的水量,能够在载热介质泄漏过程结束时足以淹没堆芯区(按照载热介质自然循环的原则所建造的事故冷却系统,或者是重力压力型系统);

· 合理地选择核反应堆的伺服系统,削减排气管道的长度和数量;

· 在所有的工作温度区间,选择最理想的反应性负温度系数,这个系数决定了核反应堆的自保护特性和动力学特性;

· 堆内构件安全可靠,防止它们由于船舶空间位置改变、核反应堆打开以及一系列其他原因而产生位移。

核动力装置安全系统的防护设备应该在核反应堆事故开始时自动地启动运行。在事故发生后不少于 30 min 内,核反应堆装置应该在没有工作人员干预的情况下保持安全状态,与此同时,操作人员不应该阻碍安全系统的正常工作。

根据核反应堆物理性质上的特点,船用核反应堆拥有足够高的安全性。如果发生与切尔诺贝利核电站相类似的事故,船用核反应堆不可能产生类似的后果。

总的来说,船用核动力装置的安全运行要求高质量的设计、建造和维护,而这必须拥有熟练的、有能力的,且负责任地执行运营条例和维护规程(包括维修以及核燃料的更换)的技术人员才能实现。

技术熟练是指负责核动力装置的工作人员要具有专业知识、操作技巧的熟练掌握和运用能力,以及丰富的工作经验,这些都能够保证核动力装置的运行安全和质量。

按照以上所述,防护和控制系统由以下控制回路构成:

· 启动过程的控制系统;

· 加热过程的控制系统;

· 在功率运行水平条件下装置的控制系统；

· 冷却过程的控制系统。

任何情况下都可能发生事故，这就要求能够立即停止装置运行，首要的是核反应堆装置。在功率运行水平条件下，对船用核动力装置的控制，利用了核反应堆的正向特性，也就是自我控制特性，此特性的基础是负温度效应。当向汽轮发电机供水的流量改变时，载热介质的平均温度也会发生改变。负温度效应试图将平均温度恢复到原来的值，相应地改变核反应堆的功率，也就是说，作用类似于一个内部的中子流修正回路。在功率运行水平条件下，主要的控制器就是温度控制器（T 控制器），它是以载热介质的平均温度为调节参数的，这个平均温度应该为常量。如果向汽轮发电机供水的流量扰动足够大，并且 T 控制器中的切换过程出现延迟（(125±25) s），则会启动 N 控制器，也就是核反应堆装置的补偿组机构（控制棒驱动机构）。它们直接作用于堆芯区的中子流，将按照平均温度进行控制的偏差降为零。在加热过程（冷却过程）的控制系统中，一回路载热介质的出口温度作为控制参数；在功率运行水平条件下装置的控制系统中，一回路载热介质的平均温度作为控制参数。

1.4 核动力装置的主要运行工况

破冰船在纯水上航行，考虑到以下的限制条件，可以采用 1 个或者 2 个主汽轮发电机进行驱动。建议使用 2 个主汽轮发电机来工作。在仅使用第 1 个主汽轮发电机的情况下，第 2 个主汽轮发电机应该处于空转状态（从系统网络中退出），或者是停止状态。主汽轮发电机空转状态下的工作时间是不受限制的。如果 1 个主汽轮发电机要停止工作，那么必须在 10 min 之内驱动它的转轴装置，使其处于热状态。

· 当涡轮不工作时，在不超过 100 s 的时间内，允许涡轮向冷凝器泄放的最大蒸汽流量为 140 t/h。当涡轮有负荷工作时，在不超过 100 s 的时间内，允许涡轮向冷凝器泄放的最大蒸汽流量为 100 t/h。

· 借助于控制手柄能够使主汽轮发电机和推进电机加载到 100% 的负荷。在纯水上航行，推进电机的持续总功率必须限制在 25 MW 之内，每一台推进电机的功率在 9 MW（75%）以内。

核动力装置的蒸汽流量见表 1-1。

表 1-1 核动力装置的蒸汽流量

推进电机功率/%	0	10	20	30	40	50	60	70	80	90	100
1 个主汽轮发电机工作时的蒸汽流量/(t/h)	63	77	90	105	120	134	148	—	—	—	—
2 个主汽轮发电机工作时的蒸汽流量/(t/h)	77	90	103	117	131	145	158	172	187	202	215

在船舷外海水的温度大于 23 ℃时，主汽轮发电机的功率必须限制在 15.7 MW 之内。船用装置允许推进电机每小时有 30 次反推工作（主汽轮发电机额定载荷下）。推进电机反推模式下的反向功率由船侧推进电机进行重新分配。功率的控制和重新分配由 ABB STROMBERG 公司生产的自动控制系统 SELMA 来完成。推进电机的反推模式是分阶段完成的。在反推模式下，反向功率受反推执行阶段的限制：中部螺旋桨反推的速度更快，然后它会接收从船侧螺旋桨提供的反向功率。

反向功率不会传到涡轮上。在推进电机反推模式下，以及主汽轮发电机负荷减轻的条件下，二回路中的压力是通过向主冷凝器泄放蒸汽来进行调节的。

备用航行模式。为了保障航海安全，人们设计了备用航行模式，也就是在核反应堆装置处于冷却状态时，使用备用的柴油发电机所生产的电能，就能够保证破冰船以 6~8 kn 的速度航行。在对核反应堆装置进行冷却时，备用航行模式是不能启动的。

在备用航行模式下，辅助柴油发电机 1 和 2 为配电板 PS1 供电，并驱动中部推进电机（推进电机法兰盘约获得 4 MW 的功率）。船舶所需要的其余能量由辅助柴油发电机 3 提供，它为配电板 RS1、RS2 和 MS1 供电。船舶的加热由辅助锅炉来完成。

停泊模式。主汽轮发电机工作在空转状态，2 个汽轮循环水泵 1 和 2、2 个涡轮供给泵 1 和 2、1 个低压蒸汽发生器，以及必需的海水淡化装置，都处于工作状态。

在停泊模式下，可以采用两种控制方式：

· 从“暴风雪”系统到“Siemens”系统的联合控制。其中“Siemens”系统的蒸汽压力控制器对阀门的开度进行调节，分阶段地调整压力控制器当前取值的设定，从 30.7 bar 到 33 bar。“暴风雪”系统设定供给阀门的状态，使得在没有蒸汽泄放的情况下，必要的机械机构的工作得到保障，并且使主蒸汽管道内的压力（(30±1.5) bar）得到保持。当蒸汽用户单元被投入或退出使用时，压力的保持是按照“暴风雪”系统的蒸汽压力探测器的信号重新设定供给阀门来实现的，阀门设定的变化范围为额定值的±5%，阀门设定的速度是每秒改变 5%。为了使蒸汽的使用量能够在更大范围内进行调节，在工作中还引入了集成渠道，它能够通过操作员控制台上的模式定值器作用于供给阀门，这时总的功率变化能够达到额定值的 17%～33%，通常在停泊状态时功率的变化范围是 18%～22%。停泊模式下，当某个工作中的涡轮机械装置的快封闭阀门启动时，蒸汽泄放阀门起到了安全阀的作用。

· 分别控制。在停泊模式下，值班机械师通过蒸汽泄放阀门 1 和 2 将蒸汽少量地泄放出去，来决定蒸汽使用量的设定值，泄放阀门可以将系统内压力维持在 30.7 bar。

第2章

轴系电力装置

2.1 电力装置的主要要求及核动力装置用电单元的电力保障

破冰船电力系统的功能是产生电能,以及保障核动力装置所有用电单元与船上的机械装置和系统的电力需求,要求既在正常的运行条件下,也要在事故运行条件下实现电力保障。

· 保障核反应堆运行安全的最重要的条件,就是要在任何一种事故条件下保证核动力装置的所有用电单元不间断的电力供应。与此同时,破冰船上的发电机功率要高于普通船舶。

· 电力系统应该由正常电力系统和应急电力系统两部分组成,其应该满足单一故障准则。所谓的单一故障准则,是一个设计原则,它具有以下要求:在任何一种事故条件下,系统的任何元件出现偶然故障,都能够保障每一个安全系统所必需的性能。这应该通过备份方法,以及以各种不同的工作原理完成任务的原件和分系统,还有各个原件和分系统的物理分割、重新排布等来实现。

· 正常电力系统应该能够保障所有用电单元的电力供应,并且应该至少由两个互相不关联的配电板和两个基本发电机构成,也就是说,在核动力装置的构成上应该拥有不少于两个独立的发电机。

· 应急电力系统应该独立于正常电力系统,它应该能够保障对于核反应堆装置安全运行重要的用电单元,以及整船的电力供应,并且是在基本的和备用的发电机都不能工作的条件下。

· 应急电力系统应该由不少于两个事故发电机和两个相互独立的配电系统构成,其中,每一个事故发电机都只接入自己的配电板,或者接入配件盘里面属于自己的单元。

·除了正常和应急电力系统外，电力系统还应该包括两个过渡电源系统，它们在所有其他的电源都不工作的情况下，应该能够保障不间断的电力供应（可以使用带有交流电转换逆变器的蓄电池）。

2.2 螺旋桨电气装置和电力系统的性能

人们首次在破冰船上针对推进电机应用了带有间接频率变换器（变频器）的交变电流电气系统。间接频率变换器能够将主汽轮发电机网络的频率电压（50 Hz）变换成向推进电机供电的工作频率电压，而且这个频率是在频率区间（0~15.8 Hz）不断变化的。3 个事故间接频率变换器 CC1、CC2 和 CC3 用来完成向相应推进电机的供电，第 4 个间接频率变换器 CC4 作为备用的变换器可以代替本来的间接频率变换器，接入任何一个推进电机上。

这种交流推进电机装置与直流电动机的区别是具有更高的船用电力系统经济性，更小的质量和尺寸，这样就可以明显地降低在整体装置技术维护上的费用。

“泰梅尔”号核动力破冰船上的船舶电力系统的工作原理图如图 2-1 所示。

“Siemens”公司的主汽轮发电机（三相同步发电机，电压为 6.3 kV，功率为 29 MW，转速为 3 000 r/min），总功率为 19.6 MW。主汽轮发电机工作在主网络（主配电板 PS1）上，在主网络上供电的设备有推进电机、气动冲洗压缩机，以及在必要时通过降压变压器及配电板（MS1）供电的整体船上用电单元和蒸汽涡轮装置的部分用电单元。向用电单元供电由配电板 RS1 和 RS2 来实现，在 RS1 和 RS2 上面工作有 2 个辅助汽轮发电机，这是为了保障向相应的用电单元提供更高的电能质量，排除在螺旋桨电器设备中这些用电单元工作时供电的频率和电压波动所造成的影响。

作为备用的电源，在装置上使用了 3 个辅助柴油发电机，它们既可以接到配电板 RS1 和 RS2 上，也可以接到配电板 PS1 上。在电力装置中有 2 个应急柴油发电机。

推进电机在核动力船舶航行时的应用具有实质上的优势：

·依靠在推进电机上所获得的良好电力性能，以及螺旋桨旋转方向和频率的快速改变，能够保障船舶得到很高的机动性能；

·在螺旋桨转速所有的变化区间内能够实现转速的平滑调节；

·在螺旋桨叶片上能够获得更高的超负荷力矩（比如在螺旋桨劈开冰层的时候）；

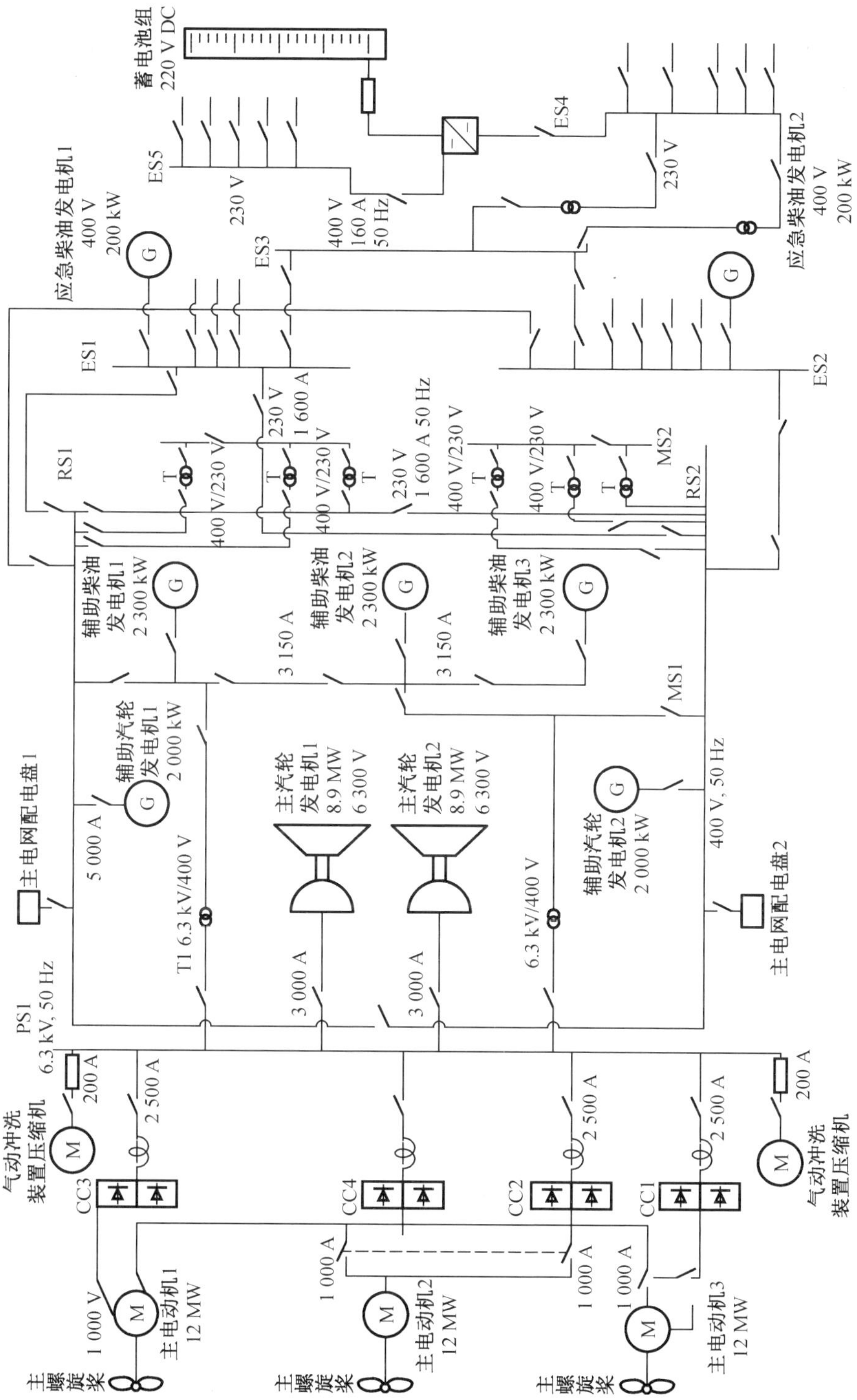

图 2－1　“泰梅尔”号核动力破冰船上的船舶电力系统的工作原理图

·推进电机能够保障在正常工作模式下发电机的满负荷运转，以及在事故模式下对螺旋桨最大转速和力矩的限制。

对于船用电站的配电板，额定电压具有下列参数：

·推进电机，气动冲洗压缩机为6 300 V，50 Hz，变压器为6 300 V/400 V；

·辅助电力用户为400 V，50 Hz，它们由配电板MS1、RS1或者RS2供电；

·网络中小型用电设备，照明电为230 V，50 Hz；

·直流的事故照明系统为220 V；

·直流中央控制系统为24 V。

为了防止与大地短路，主汽轮发电机网络的零线通过电流触发器接地。

电站包括下列配电板和变压器：

·配电板MS1，用于80 V，50 Hz的用电设备；

·配电板RS1、RS2，用于380 V，50 Hz的用电设备；

·配电板MS2，用于220 V，50 Hz的用电设备；

·事故配电板ES1、ES2、ES3（380V，50 Hz）、ES4（220 V，50 Hz）、ES5（220 V，50 Hz）；

·2个变压器，6.3 kV/400 V，50 Hz，200 kV·A；

·6个变压器，400 V/230 V，50 Hz，4个160 kV·A的和2个100 kV·A的。

配电板MS1由配电板PS1通过变压器供电，而配电板RS1、RS2由辅助汽轮发电机1、辅助汽轮发电机2供电。

配电板ES1、ES2主要用于核反应堆装置的机械机构、在事故工作模式下的安全系统，可为配电板ES3供电。配电板ES1和ES2均可从两个配电板RS1、RS2上获得双重供电。在配电板RS失去电压时，核反应堆装置就会完成从基本供电到备用供电的自动转换。除此之外，配电板ES1和ES2都能从辅助柴油发电机1、辅助柴油发电机2获得事故条件下的供电。配电板ES3、ES4、ES5用于为保障船上生活及航海安全的用电设备供电，这些设备包括消防水泵、操舵机事故水泵、排水泵、空气排放压缩机、自动化系统用电设备、无线电设备、导航设备、全体船员出动和火灾信号装置、二氧化碳报警系统、异常信号灯光系统、事故照明设备等。

“Stromberg”公司的推进电机变频器（12.3 MW）依靠改变电流的频率和电压来改变交流推进电机输出轴上的转速与力矩。配电板PS1通过集总节流器向变频器供电。节流器是用于修正供电网络在可控硅变换器工作条件下电流、电压非线性畸变的（共有12个节流器，每3个为一组）。变频器由3部分构成，每一部分都能够完成对推进电机初始绕组中一相的频率变换。转子上的绕组由自带变换器供电，变换器是用来调节激励电流的。

直接连接变频器是负责供电电路与负载电路之间直接连接的装置，省去了直流的中间过渡电路。因为具有很低的成本，它们具有下列优势：

· 很容易改变能量流的传输方向；

· 控制系统简单；

· 在动力电路当中，电流的整流不需要引入其他附加元件；

· 自行消除一些事故的和非正常的工作状态；

· 很高的转换效率。

直接连接变频器的缺点有：动力系统的分路性过高，以及按照整流条件工作频率的上限会受到限制。

破冰船螺旋桨装置在冰层里的工作特殊性在于经常需要变换螺旋桨的旋转方向（正向启动和反推）。在这些变换器上面能够很容易地实现能量的双向转换，这极大地简化了为实现发电机反推工作模式所需要的螺旋桨反推性能的形成。推进电机最开始工作在整流模式下。这种情况下，部分能量被船用设备或其他设备所利用，部分能量被传递到主汽轮发电机，并经主汽轮发电机传导到初级的热力发动机（汽轮机）上。此时，直接连接变频器相对于推进电机工作在整流模式下，而相对于发电机则工作在换流器模式下。

"Stromberg"公司的推进电机（三相同步电动机，功率为 12 MW，转速为 110～190 r/min）功率从 0 增加到 100%的时间为 9.5 s，而功率反过来衰减的时间为 3.7 s。

推进电机包括同步电动机，它通过变频器从配电板 PS1 得到供电，还通过激励电流变换器、调节和控制系统从配电板 MS1 得到供电。从操控位置传到功率控制器上的关于推进电机功率的设定信号，是由微型计算机"SELMA-P"完成的。微型计算机的功能是：调节推进电机功率，对信息的限制、保护和处理。基于螺旋桨电力装置系统的状态和功率设定水平信息，微型计算机制定出对于矢量控制器关于设定磁通量的控制指令，单独的微型计算机"SELMA-V"充当矢量控制器。在矢量控制器中，基于推进电机的数学模型计算出初始电流和激励电流的取值。它同样也能够完成电流计算值和真实值的对比，并且使用激励电流变换器制造出控制脉冲。

在螺旋桨电力系统状态参数的基础上，推进电机功率调节器根据下列信号也能够完成功率的限制功能：

· 在主通道中蒸汽压力降低（在推进电机功率快速升高的时候，有可能会造成蒸汽压力的下降，因此系统需要引入相应的限制）；

· 主汽轮发电机电流（或者在备用航行模式下辅助柴油发电机的电流）升高；

· 一个主汽轮发电机关闭（功率限制到 50%）；

· 供电网络的电流频率和电压降低（在推进电机功率快速升高的情况下，为了防止防护系统的启动)；

·推进电机反推模式下反推功率的参数(阻碍功率的快速升高,以及阻止主汽轮发电机转换到发动机模式)；

·推进电机转数的升高；

·变频器中一个可控硅控制器损坏(功率限制到80%)；

·推进电机风扇停止转动；

·激励电机风扇停止转动(功率限制到25%)。

2.3 辅助动力装置和应急动力装置

破冰船的辅助及事故电源包括：

·2个辅助汽轮发电机(功率为2 000 kW,转速为3 000 r/min,电压为400 V,频率为50 Hz)；

·3个辅助柴油发电机(功率为2 300 kW,转速为1 000 r/min,电压为400 V,频率为50 Hz)；

·2个应急柴油发电机(功率为200 kW,转速为1 500 r/min,电压为400 V,频率为50 Hz)；

·蓄电池组。

在事故情况下,船舶的航行是由“维亚尔特西里电压为瓦斯”公司的3个型号为16 V 22MД、功率为2 360 kW、转速为1 000 r/min的辅助柴油发电机来保障的。3个辅助柴油发电机(核反应堆装置不工作的条件下)能够保障破冰船在备用航行模式下在纯水上以6 kn的速度航行。辅助柴油发电机需一直处于加热和准备好启动的状态。从柴油发电机启动到空转状态需要8 s。经过30 min,辅助柴油发电机达到满负荷功率。

柴油发电机具有下列事故预警信号探测器：

·吹入空气的高温探测器(温度为75 ℃)；

·柴油发电机入口处润滑机油低压探测器(压力为1.5 bar)；

·燃油低压探测器(压力为1.5 bar)；

·高压燃油管道损伤探测器；

·制冷机出口处润滑油的高温探测器(温度为80 ℃)；

·高温回路中循环水的高温探测器(温度为90 ℃)；

·吹入空气冷却器入口处低温回路中循环水的高温探测器；

·启动空气的最低压力探测器(压力为18 bar)；

· 排放气体的最高温度探测器(温度为 520 ℃)。

柴油发电机按照下列参数启动防护:

· 润滑油低压(压力为 1.5 bar);

· 高温回路中循环水的高温(温度为 95 ℃)。

关于曲轴的极限转速也配备有指示系统:

· 机械极限断路器的启动(100%);

· 停止操纵杆的位置处于停止挡位;

· 超负荷运转;

· 用于转动飞轮的装置启动;

· 柴油发电机具有油雾探测器。

应急柴油发电机(2 个),型号为交流 1Д12B-300K,功率为 200 kW,V 形气缸排列,2 组气缸之间的角度为 60°,12 个水冷气缸,气缸直径为 150 mm,活塞的行程为 180 mm(带有主连杆),以及行程为 186.7 mm(带有副连杆),压缩等级为 14,转速为 1 500 r/min,最大功率为 353 kW(在 2 s 时间内),燃油的单位消耗量为(238±12) g/(kW · h),机油消耗量为 4.1 g/(kW · h),可不间断地工作 72 h。应急柴油发电机必须处于随时准备启动的状态。它可以通过启动机 CT-722 所产生的电流启动(电压为 24 V),或者使用 4~15 MPa 的压缩空气压力启动。

132 A 蓄电池组 6CT-132 ЭMCA 作为事故的短时间电源,电压为 12 V,它可以保障最重要用电设备(在进行电源切换时所用的控制和监测仪器)的供电。

第3章

蒸汽轮机装置

在2个主汽轮发电机最大功率模式和涡轮法兰盘上产生功率为39.1 MW的条件下,蒸汽轮机装置的蒸汽消耗量见表3-1。

表3-1　蒸汽轮机装置的蒸汽消耗量

装置	蒸汽消耗量/(t/h)	蒸汽消耗量占总蒸汽的比例/%
2个主汽轮发电机(功率为19.1 MW)	203.40	84.75
主汽轮发电机抽气器	1.80	0.75
2个辅助汽轮发电机(功率为0.7 MW)	10.00	4.20
辅助汽轮发电机抽气器	0.36	0.15
2台供水泵供水能力(供水能力为240 t/h)	13.00	5.40
2台汽轮循环水泵(转速为700 r/min)	6.00	2.50
低压蒸汽发生器	5.50	2.30
海水淡化装置(淡化水能力为60 t/昼夜)	1.80	0.77
总量	241.86	100.82

3.1　主汽轮齿轮机组ГТА-642Т

在主轴上获得功率为18.4 MW的情况下,机组工作的额定功率模式基本参数的取值如下(机组主轴上的最大功率为19.6 MW):

- 速关阀前端温度为300 ℃,压力为28.2 bar;
- 冷凝器内的压力为0.042 bar;
- 机组的转速为3 000 r/min;

· 汽轮循环水泵的转速为 670 r/min；
· 冷却水的温度为+10 ℃；
· 在节流加湿装置前端蒸汽压力为 0.45 bar。

按照设计，向每一个涡轮排放蒸汽的最小值约为泄放阀门开度的 2%，这相当于主汽轮发电机损失 3 MW 的功率。

主涡轮机组是主动喷气反冲型的，涡轮是单壳体的双流式涡轮（图 3-1）。

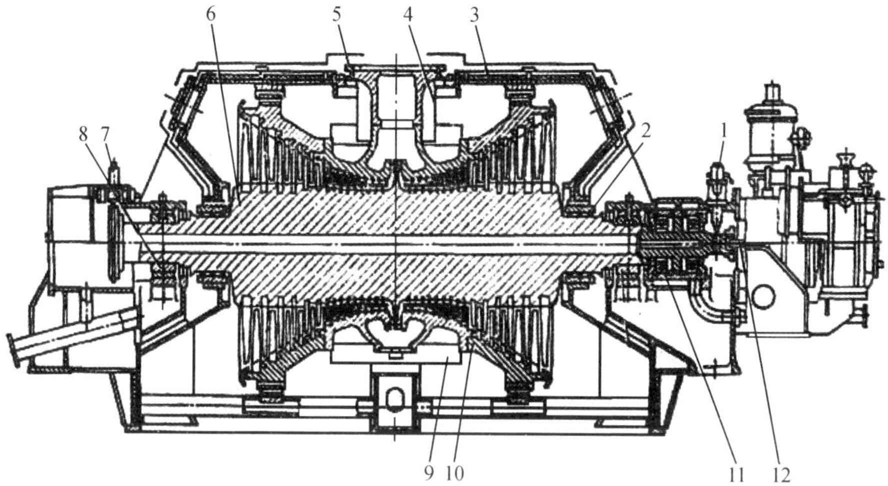

1—防护设备；2—曲折密封轴垫；3—外壳；4，9—挡板；5—波纹管六转子；7—转子的轴向位移设备；8—支承轴承；10—内壳体；11—止推轴承；12—扭力轴。

图 3-1　主汽轮发电机的蒸汽涡轮横截面

涡轮的转子具有一排主动叶片，安装在涡轮的中心部位（涡轮的冲击级），在冲击级两侧安装有 15 个反冲级。在冲击级内喷口的前面蒸汽压力开始产生。在空转模式下喷口前的蒸汽压力大约为 1 bar。

在速关阀前端温度小于或等于 285 ℃的情况下，在最后一级反冲级的叶片上蒸汽的湿度可能约为 14%，这会导致叶片的快速腐蚀（根据产生的蒸汽温度值会启动预警信号系统）。

转子的转轴依靠 2 个滑动轴承（1 个支承轴承（前端的），1 个支承止推轴承（尾端的））旋转，在轴承前端的润滑油压力为：支承轴承前端为 0.6 bar，支承止推轴承前端为 1 bar。轴承的润滑油由为主涡轮机组和主汽轮发电机（最大压力大于或等于 4.5 bar）服务的总伺服系统提供。润滑油经过节流后从总的集流管被引入涡轮轴承。当在压力集流管中润滑油压力降到低于 1.3 bar 时，会引起速关阀启动。

为涡轮轴承、链接机构和连接器提供润滑所使用的润滑油如下：

· 添加了甘油三油酸的涡轮润滑油 T-46；

· 润滑油 T-77 和 T-68。

为了扭力杆轴齿和连接器齿盘的润滑，使用了润滑膏 ВНИИ НП-232。为了防止轴承、链接机构和连接器生锈，使用了润滑油 K-17。

为了防止在润滑油泵断电的情况下速关阀启动，应立刻启用备用油泵。

对于轴承温度的监测是由“达马吉克”系统完成的。对于转子转轴位移的监测是由涡轮轴的轴向位移探测器完成的，探测的极限值为±0.4 mm。

主涡轮和主汽轮发电机的润滑油泵共有 4 个。在工作泵中断供油且不可修复情况下，备用泵具有自动启动功能。在油泵的压力集流管内压力低于 2.4 bar 的情况下，备用的电子滑油泵将会没有时间延迟地自动启动。在油泵的压力集流管内压力低于 1.3 bar 的情况下，主涡轮机组的防护系统将启动。电子供油泵通过机油过滤器和冷却器从集油罐向主涡轮及主汽轮发电机的轴承与连接器供油，而部分润滑油会供给到压力罐（事故油罐，位于主汽轮发电机转轴上方 6.5 m 处）。这种方式只在惯性运转（在去掉载荷大约 40 min 内）的情况下保障主汽轮发电机轴承的润滑。事故油罐具有液位传感器。

主涡轮和主汽轮发电机的事故油泵（AMH1、AMH2）用来保持在汽轮发电机 1 和汽轮发电机 2 的润滑油压力罐中润滑油的液位始终处于正常范围，这是为了在电子滑油泵 1 和电子滑油泵 2 不工作的情况下，不仅可以保持主涡轮机组和主汽轮发电机轴承润滑系统集油管内恒定的液体压力，还可以保证主涡轮机组转子在惯性运转下能够转动 22~24 min。在润滑油压力罐的油位指示柱上面可以标识出事故燃油泵启动和停止时的润滑油的液位。

主汽轮发电机的顶轴油泵由“Siemens”系统在下列情况下自动控制：

· 在汽轮发电机停机状态，转轴的转速降低到小于 750 r/min 的情况下，自动启动油泵 1 和油泵 2；

· 在汽轮发电机启动时，转轴的转速升高到大于 750 r/min 的情况下，自动关闭油泵 1 和油泵 2；

· 在主汽轮发电机脱离有效状态（当转盘车装置关闭，以及涡轮支承轴承 1 和涡轮支承轴承 2 的润滑油温度低于 45 ℃）时，自动关闭油泵 1 和油泵 2。

准备启动涡轮时，在打开转盘车装置之前，应该通过启动器启动这些油泵。当在主汽轮发电机转速达到 1 000 r/min 时，油泵 1 或者油泵 2 没有被关闭，为了避免损坏油泵，可通过速关阀启动防护系统。

3.2　冷凝器和抽气器

图 3-2 为表面型、不可拆卸、水平方向带有直管道、冷却水为双向和双流蒸汽的主冷凝器(冷凝器内压力不大于 0.04 bar)。船舷外冷却水的流量可以达到 4 600 t/h,流量根据冷凝器的蒸汽载荷自动确定。

在主冷凝器中压力升高时,涡轮的功率会降低,同时向涡轮输送的蒸汽流量仍然保持不变。

在主冷凝器的外壳上安装有两个凸面型补偿器,用于消除热变形带来的压力。冷凝器具有专门的支管,用于接收蒸汽和冷凝液:来自辅助机械装置的压缩、高压和低压的吹洗、蒸发装置和抽气器的冷凝器。在冷凝器中安装有指示柱、远程液位测量探测器、压力真空计阀门和从冷凝器蒸汽腔内排除空气的阀门。冷凝器的热交换管为直通型、白铜制的,层叠排布在双层管架之上。

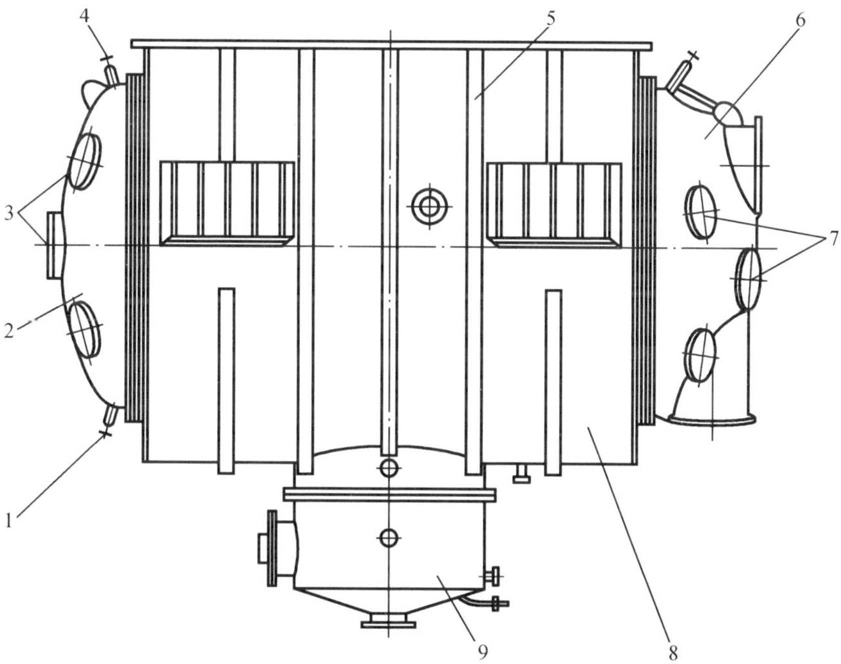

(a)

1,4—阀门;2,6—水箱;3,7—水箱盖;5—加强肋板;8—冷凝器外壳;
9,14—冷凝液收集器;10—纵向隔板;11—与涡轮连接的法兰;12,13—导流挡板;
15—水位指示器;16—孔盖。

图 3-2　主冷凝器

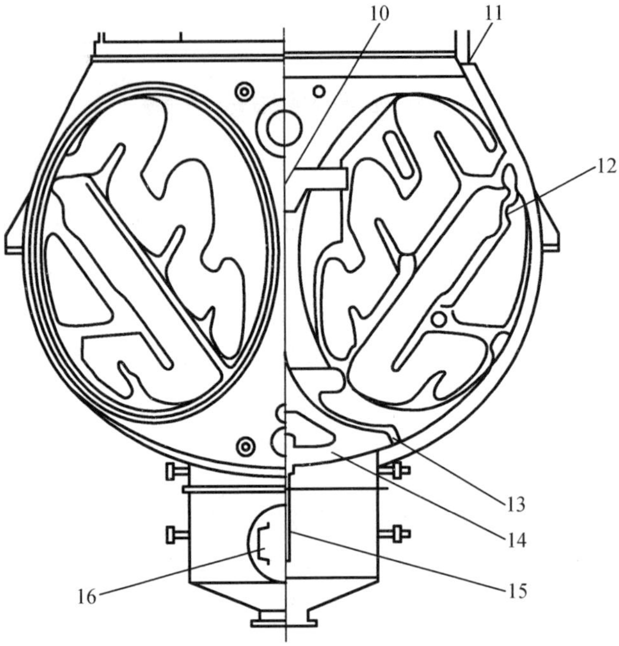

(b)

图 3-2(续)

在冷凝器(带有凸面型热膨胀补偿器)过渡支管和涡轮外壳法兰之间固定有2个“瓶状”节流加湿装置(带有用于蒸汽节流的金属格栅(节流格栅),以及前4个格栅之后配有喷射冷凝液的喷嘴)(图3-3),它们用于降低通过泄放阀门排放到冷凝器的蒸汽。

型号为XB-200的冷却冷凝器主要用于在核反应堆启堆和停堆过程中蒸汽的冷却冷凝。被冷却的蒸汽在进入冷凝器之前用冷凝液进行加湿,冷凝液是从冷凝水泵的压力管道里收集来的。在这种情况下,对用于蒸汽加湿的冷凝液供给不进行调节,并且加湿用冷凝液的流量实际上在所有的冷凝器工作模式下,都是不改变的(因为冷凝水泵的压力在它的工作模式改变的情况下变化很少)。在被冷却的蒸汽流量达到最大的情况下,被加湿后的蒸汽温度应该在185 ℃之内。随着流量的下降,经过加湿以后蒸汽温度应该为100~110 ℃。

在最大流量泄放情况下,在节流加湿装置后的蒸汽温度不超过110 ℃,但这也远远高于经过涡轮后的蒸汽温度,因此在蒸汽泄放情况下冷凝器内的真空度会下降。

冷凝器在启动模式下会按步骤完成以下功能:

· 按照装置工作参数要求接收蒸汽;

· 接收蒸汽水混合物和饱和蒸汽；
· 接收温度为 60~100 ℃的水。

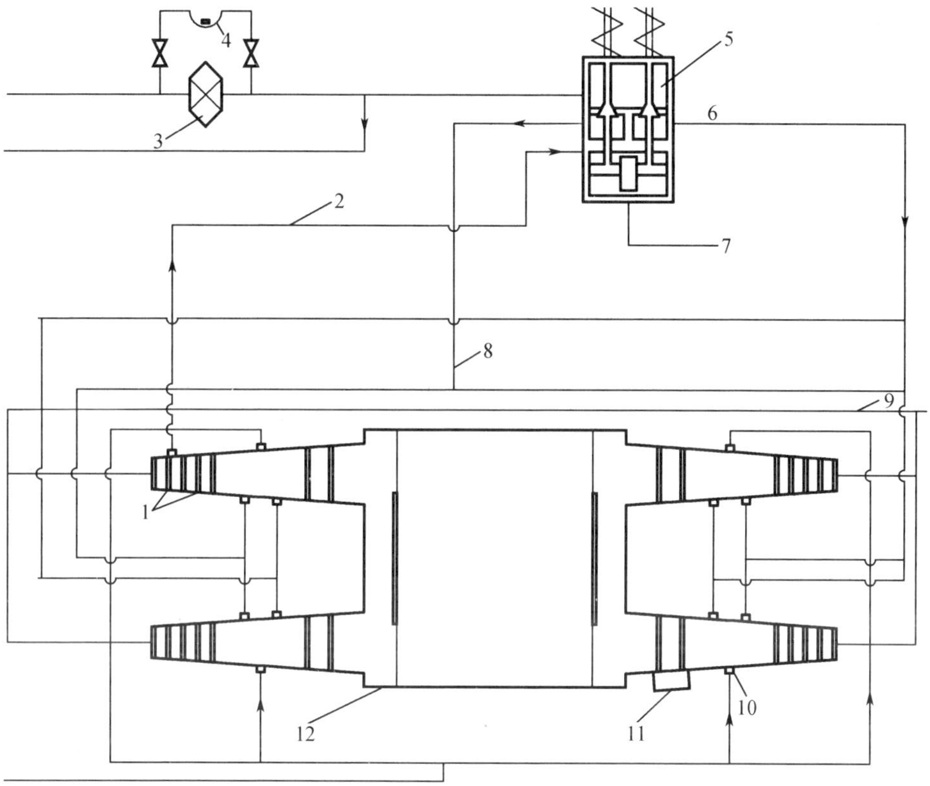

1—节流格栅；2—通向调节阀门管路；3—过滤器蒸汽管道；4—过滤器的差动式压力计；
5—恒常工作喷嘴的供水管道；6—第二级喷嘴的供水管道；7—冷凝器的注水管道；
8—第一级喷嘴的供水管道；9—泄放阀门的蒸汽管道；10—恒常工作喷嘴；
11—水流量的调节阀门；12—温度计。

图 3-3 主涡轮机组 642-T 的蒸汽加湿和节流装置示意图

冷凝器可以在冷凝器水泵不工作的情况下可靠地工作 10 s，在没有蒸汽加湿的情况下工作 15 min。允许在约 20 s 内，改变冷凝器的蒸汽载荷，改变范围是 0~24 t/h。

管道型冷却冷凝器，如图 3-4 所示。

管道型冷却冷凝器由外壳、冷凝器盖、蒸汽挡板和带散热凸片的热交换白铜管等基本部件构成，热交换管层叠铺设在管道格栅上。冷凝器外壳是圆柱形的，由不锈钢焊接而成。在外壳上部焊接有由不锈钢制作的蒸汽箱，蒸汽箱上带有焊接法兰，用于引入蒸汽，焊接口上面安装有蒸汽引入套筒。

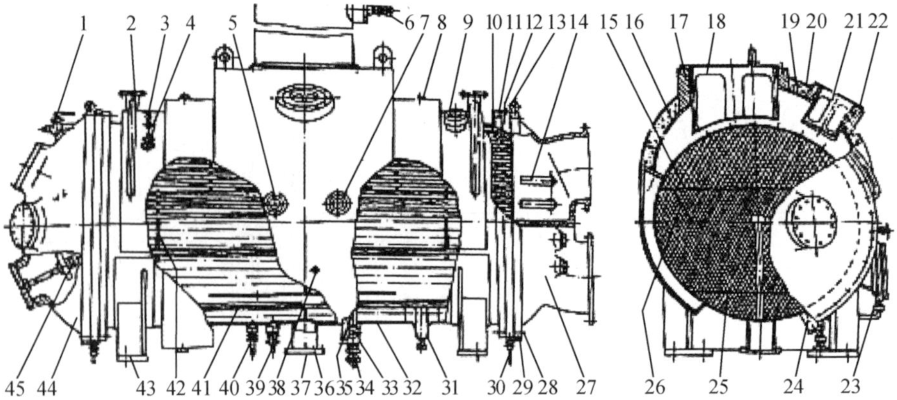

1,3—阀门;2,5,7,9,24,36,37—支管;4,30,33,34,38,39,40—套管连接装置;6—加湿装置;
8,29—螺塞;10—热交换白铜管;11,12—管道格栅;13—塞子;14—杆状保护器;
15,25,26—隔板;16—蒸汽挡板;17,22—焊接法兰;18,21—蒸汽引入套筒;19,20,32—外壳;
23—液位指示柱;27,44—冷凝器盖;28—连接长钉;31—凸面型补偿器;
35—平衡管道;41—承压管;42—黄铜隔板;43—支座;45—圆盘状保护器。

图 3-4　管道型冷却冷凝器

在外壳上具有下列元件和装置:

· 凸面型补偿器,用于去除热形变产生的压力;

· 用于接收蒸汽和冷凝液的支管(蒸汽来自辅助机械机构的压缩和低压吹洗装置,冷凝液来自海水淡化装置的加热蒸汽冷凝、辅助机械机构的抽气器,以及补给和备份装置);

· 液位指示柱;

· 套管连接装置,用于连接液位测量探测器的对比容器;

· 压力真空计的阀门;

· 从蒸汽腔内部排出空气的支管。

在外壳内安装有黄铜隔板,用来支撑管道,隔板用承压管固定,包括可通过蒸汽裂缝的隔板(它用于承受蒸汽箱侧壁的压力)和导向隔板(用来引导蒸汽的流动方向)。外壳内部设计有平衡管道,用来给液位控制器引出探测信号。双层的管道格栅构成了腔体,它可以通过管道格栅上的孔隙与外部空间连通。与此同时,上部的开孔由塞子封闭,可作为空气的出口,而下部的开孔用于检查管壁上轧制连接处的密封性。内部的管道格栅由不锈钢制作并且被焊接到外壳上,而外部的管道格栅则作为冷凝器的黄铜顶盖,是由青铜浇铸的。为了防止顶盖、管道和管道格栅材料生锈,在内部安装有 8 个杆状保护器,并且在封闭顶盖内部安装有 4 个圆盘状保护器,它们都是用钢材制作的。

冷凝器基本的不可修复故障有：

· 经过法兰或者套管连接装置渗透蒸汽或者水；

· 管道格栅之间的空腔进水；

· 冷凝液的盐度升高；

· 蒸汽在加湿之后的温度超过 185 ℃；

· 在冷凝器出口处的温度持续升高(超过 100 ℃)；

· 在蒸汽空腔内的压力升高(超过 1.1 bar)。

每个机组拥有 2 个抽气器：主抽气器(真空抽气器)，型号为 ПЭЖ 65/16-OM5(图 3-5)；从压缩状态抽吸用抽气器，型号为 ПЭЖ 880/16-OM5。

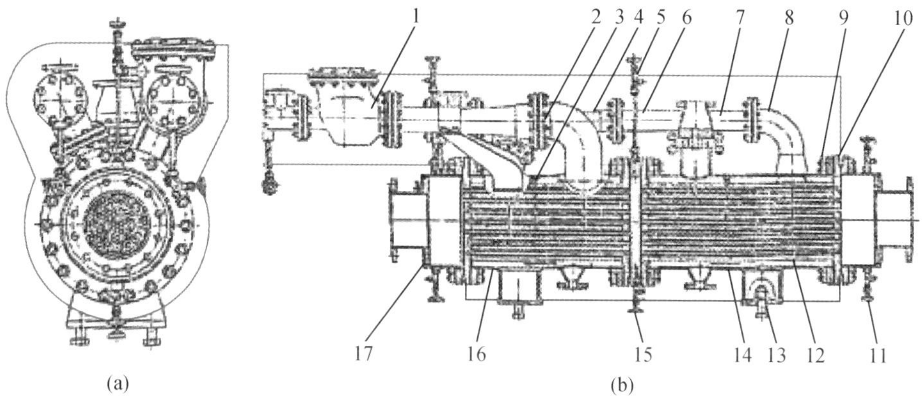

1—第一级抽气器；2—连接段；3—隔板；4—第二级抽气器；5,11—阀门；6—管道；7—止回阀；8—支管；9—连接杆；10—管道板；12—导热管；13—衬套；14—第一级冷凝器；15—过渡环；16—第二级冷凝器；17—水箱。

图 3-5 型号为 ПЭЖ 65/16 OM5 的主抽气器(带冷凝器)

主抽气器主要用于从蒸汽涡轮装置主冷凝器中排出空气，用于建立初级的真空并在后续的主汽轮发电机运行的时间内，保持在主冷凝器中的真空状态。主抽气器为两极结构，其中一级工作在大气压力下。

两极都是由冷凝器通过主冷凝器水泵进行冷却，冷凝液的消耗量不应该小于 95 t/h(主要通过在中间过渡功率下和空转状态下的再循环来保障)。抽气器的冷凝液通过冷凝罐再排放到主冷凝器中。

抽气器从冷凝器中抽吸出蒸汽空气混合物。蒸汽空气混合物中的蒸汽和工作蒸汽一起被冷凝，而空气通过不可回流的阀门从抽气器排放到大气之中。

抽气器的基本参数如下：

· 抽气器的蒸汽消耗量为 720 kg/h；

· 抽气器的接收室压力为 0.004 0~0.006 5 MPa；

· 抽气器冷却水通路的液压阻力为 0.002~0.004 MPa；

· 通过抽气器所抽吸出的干燥空气量为 0.000 2~0.018 0 kg/s；

· 在喷嘴之前的工作蒸汽温度为(270±10) ℃；

· 冷却用冷凝液压力为 1.05 MPa(不能高于此值)；

· 在抽气器出口处,蒸汽空气混合物压力为 0.01~0.11 MPa。

抽气器由以下基本元件构成：

· 第一级抽气器；

· 第一级冷凝器；

· 第二级抽气器；

· 第二级冷凝器；

· 止回阀。

第一级抽气器和第二级抽气器在结构上是一样的,都是由钢浇铸的接收室、带有过滤器的钢浇铸蒸汽箱、喷嘴和扩散器构成的。元件之间的紧固是由螺栓完成的。在接收室内的喷嘴由专门的螺帽加固。第一级冷凝器和第二级冷凝器的外壳是由钢板焊接而成的。在冷凝器外壳法兰上从两侧用螺柱固定了管道板。在冷凝器外壳里面分布放置着导热管,从两侧层叠排布在管道板上。第一级冷凝器和第二级冷凝器在水段处使用过渡环相连接。为了将水从第一级冷凝器和第二级冷凝器注入与排出,抽气器上安装有水箱。在水箱和过渡环上面安装有阀门,用于在抽气器启动时排出空气,以及水腔的烘干。抽气器的一个支座具有沿抽气器轴向方向的间隙,它可以补偿冷凝器外壳热膨胀引起的展宽。

抽气器的工作原理如下:冷却水通过水箱的支管 A 注入第一级冷凝器中,经过导热管并通过过渡环输送到第二级冷凝器管道中,再经过水箱的支管 B 从抽气器流出。工作蒸汽通过蒸汽箱和圆柱形网状过滤器引入第一级抽气器的喷嘴上。从喷嘴出射的蒸汽以很高的速度在第一级抽气器接收室内制造出压力,结果在抽气器和主冷凝器之间形成了压力差。在这个压力差的作用下,从主冷凝器空气冷却器出来的空气经过支管排放到抽气器中,并且将工作蒸汽引入第一级扩散器中。扩散器的作用是压缩蒸汽空气混合物,达到略微高于第二级抽气器接收室内的压力。从第一级扩散器出来的蒸汽空气混合物经过弯管到达第一级冷凝器进行冷却,而一部分蒸汽会被冷凝。然后蒸汽空气混合物会进入第二级抽气器的接收室。第二级抽气器的工作方式与第一级抽气器相类似。带有大量蒸汽的冷却空气从第二级冷凝器通过止回阀排出,阀门是在第二级冷凝器内部压力的作用下被打开的。在向抽气器停止供应蒸汽的情况下,止回阀会防止空气返回主冷凝器。在第一级和第二级冷凝器中形成的冷凝液通过支管进入主冷凝器。

从密封处抽取蒸汽的抽气器为单极结构,在大气压力下工作,生产率为

880 L/min;被用于从涡轮转轴梳齿状密封处,以及速关阀、泄放阀门和调节阀门的密封段,抽取蒸汽空气混合物。从涡轮机械机构的密封处抽取蒸汽的系统是为了防止大气压力的空气渗透到涡轮内部的腔体,它是借助于主冷凝器的抽气器和止回阀实现的。在主冷凝器中压力高于 0.5 bar 的情况下,抽气器和用于抽气的阀门会自动启动。如果发生第一级抽气器没有启动的情况,则在得到主冷凝器中压力超过 0.5 bar 的信号之后 10.5 s 启动第二级抽气器,第二级抽气器在经过 10 min 后会自动停止。在抽气阀门关闭之后,第二级抽气器还具有从操作台进行远程控制的功能。

涡轮转轴的密封是通过较低压力(0.1~0.2 bar)的蒸汽增压实现的。抽气器的蒸汽流量约为 0.05 kg/s,在抽气器前端的蒸汽压力为 16 bar。带有气压传动装置的封闭式阀门将蒸汽引入抽气器和涡轮需要密封处。当冷凝器中的压力高于 1.1 bar 时,在冷凝水泵停止工作的情况下封闭式阀门会自动关闭;当冷凝器中的压力低于 1.1 bar 时,封闭式阀门还会在自己的冷凝水泵启动的情况下自动开启。

冷凝器和抽气器的基本参数如下:

· 第一级冷凝器入口处压力为 0.092 MPa;

· 工作蒸汽流量为(0.047±0.008) kg/s;

· 抽气器所喷出的蒸汽量为 0.018 kg/s;

· 在冷却水通道上抽气器的液压阻力为 0.002~0.006 MPa;

· 抽气器抽吸出的蒸汽空气混合物流量为 0.01~0.24 kg/s;

· 抽气器入口处蒸汽空气混合物,温度为(133±25) ℃;

· 在喷嘴前的工作整体压力为(1.6±0.1) MPa;

· 在喷嘴前的工作蒸汽温度为(270±10) ℃;

· 在第二级冷凝器出口处,蒸汽空气混合物压力为 0.01~0.11 MPa;

· 抽气器的出口温度为(55±1) ℃;

· 冷却冷凝器的压力为 1.05 MPa(不能高于此值)。

3.3　二回路系统

二回路系统包含下列装置:

· 4 台蒸汽发生器;

· 4 个流量为 33.3 kg/s、蒸汽压力为 36 bar 的安全阀;

· 2 个型号为 ГТА-642Т、功率为 18.4 MW、转速为 3 000 r/min、蒸汽流量为 27 kg/s 的主汽轮发电机;

· 2 个最大蒸汽速率为 39 kg/s、额定蒸汽速率为 29 kg/s 的主冷凝器；

· 2 个型号为 OK-3C、功率为 2 MW、转速为 3 000 r/min、蒸汽流量为 3.9 kg/s 的辅助汽轮发电机；

· 1 台型号为 XB-200、蒸汽速率为 6.7 kg/s、压力为 30 bar 或蒸汽速率为 1.4 kg/s、压力为 2 bar 的冷却冷凝器；

· 3 台型号为 M3C、淡化水能力为 60 t/昼夜的海水淡化装置；

· 2 台型号为 ПГНД5、蒸汽速率为 1.53 kg/s、压力为 5 bar 的低压蒸汽发生器；

· 2 台主涡轮抽气器，以及 2 台主涡轮辅助抽气器；

· 1 台型号为 ДСТМ2400-14、蒸汽流量为 8.9 kg/s、供水能力为 66.7 kg/s 的除氧器；

· 3 台型号为 ПТН-14А、供水能力为 61 kg/s、压力为 75 bar 的给水泵；

· 3 台型号为 ТЦН、循环能力为 1 250 kg/s 的船舷外水的汽轮循环水泵；

· 2 台供水能力为 5.6 kg/s、压力为 40 bar（电力传动的）的备用给水泵；

· 2 台供水能力为 4.2 kg/s、压力为 10 bar（电力传动的）的应急给水泵。

3.3.1 主蒸汽系统

在堆舱框架下的二回路系统如图 3-6 所示。

二回路系统的 4 台蒸汽发生器在 100%功率时，产生蒸汽压力为 32~34 bar，蒸汽温度为 297 ℃，此时供水流量为 250 m^3/h；结构允许拆除舱段可拆板进行维修，并且能够很好地平衡（平均化）在蒸汽发生器之外的压力。

在每一台蒸汽发生器后面都有蒸汽温度、压力和放射性的监控装置。对每台蒸汽发生器的放射性监控是通过以下渠道实现的：在蒸汽发生器后面直接安装了 2 个探测器。通过远程关闭蒸汽阀门和相应的供水阀门可以切断泄漏蒸汽发生器，并且后续通过手动传动装置拧紧阀门，以及关闭相应的手动阀门。对于中央电力舱段而言，蒸汽的参数是不用调节的，而蒸汽压力的调节是借助于泄放阀门来实现的，所有调节模式下的压力调节范围是（30.7±0.5）bar。在有很大扰动的情况下关闭主涡轮、辅助涡轮或者供水泵，蒸汽压力的升高不应该导致安全阀的启动。

在一台主冷却剂泵停机的情况下，其余的主冷却剂泵以低速运转（大约 20 r/s），或者一台主冷却剂泵过渡到低速运转，而其他主冷却剂泵工作在高速状态（大约 60 r/s），则一回路的载热介质循环会停止，循环停止是通过关闭已停机的主冷却剂泵或者转为低速运行的主冷却剂泵的止回阀来实现的。通过远程关闭供水阀门可以自动停止向相应的蒸汽发生器供水。

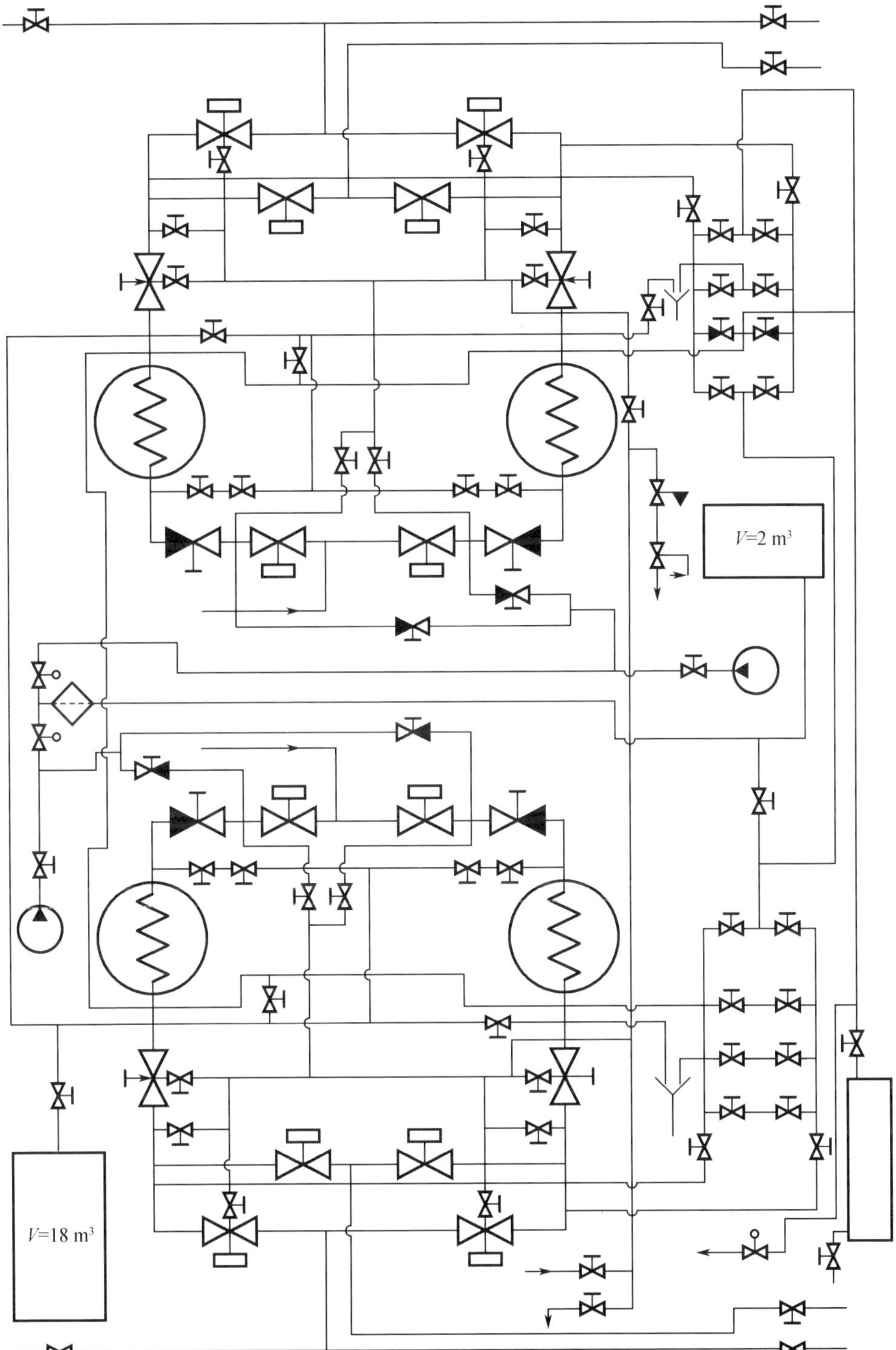

图 3-6　在堆舱框架下的二回路系统

由此会实现如下正面效应：

· 排除在堆芯区内的温度偏差；

· 排除向主蒸汽管道排放水或者汽水混合物；

· 排除在已经切断工作的蒸汽发生器内部载热介质的冷却，与此相关的，借助于主冷却剂泵投入工作时的温度效应来降低反应性骤增的危险。

反应堆的实际功率对于通过供水阀门的供水流量是一个线性函数。在二回路系统中，主涡轮、抽气器、主冷凝器的系统示意图如图 3-7 所示。

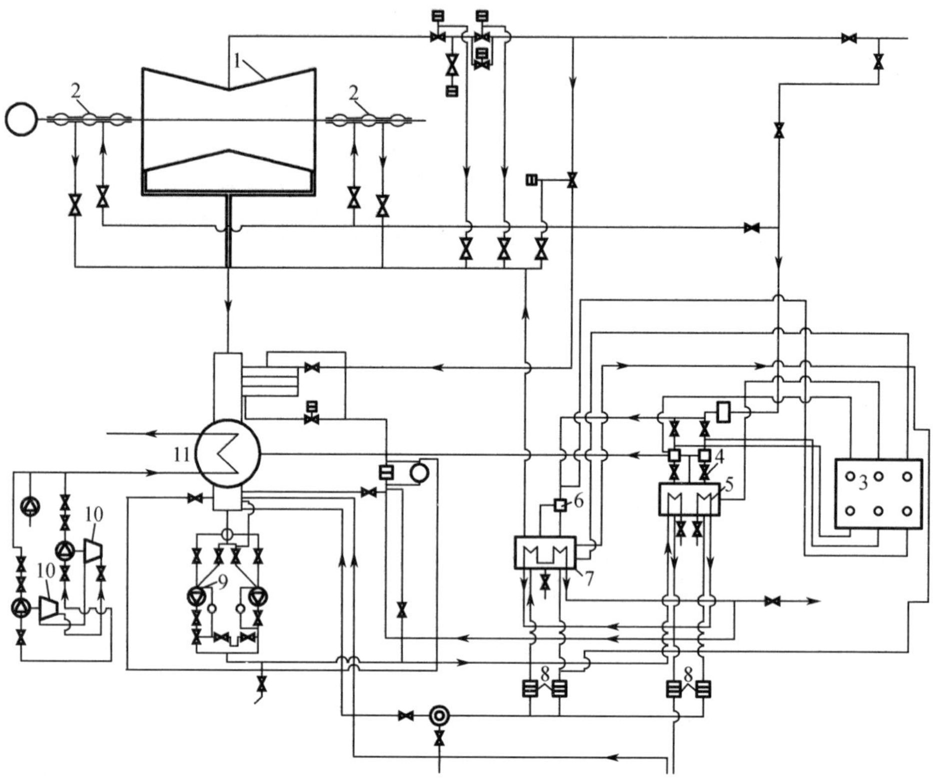

1—主汽轮发电机的主涡轮；2—末端曲折密封垫；3—本地控制台；
4—主冷凝器抽气器；5，7—抽气器冷却器；6—曲折密封装置的抽吸抽气器；
8—冷凝液收集器；9—冷凝液泵；10—船舷外水水泵；11—主冷凝器。

图 3-7　主涡轮、抽气器、主冷凝器的系统示意图

3.3.2　冷凝系统

冷凝系统用于从主冷凝器、辅助冷凝器、冷却冷凝器及海水淡化装置的冷凝液收集器，以及在温度为 90~119 ℃下的低压蒸汽发生器的冷凝液排出器中引出冷凝液。此外冷凝系统还用于冷凝液的清洗以及将其供给除氧器。冷凝系统还保障了供水阀、节流阀的密封冷却，汽轮给水泵的末端密封冷却，主冷凝器和辅助冷凝器抽气器的冷却以及主冷凝器节流加湿装置的蒸汽加湿所需要的供水。

从主冷凝器、辅助冷凝器、冷却冷凝器及海水淡化装置的冷凝液收集器中引出冷凝液是借助于凝水泵实现的，并且要求冷凝液液面在冷凝液收集器中保持稳定。从低压蒸汽发生器流出的冷凝液在低压蒸汽发生器所加热的蒸汽压力下直接传送到除氧器中。所有的凝水泵都带有电动传动装置，并直接将冷凝液通过止回阀沿着独立的管线输送到总收集器中。总收集器位于压力控制器前面，压力控制器能够将总收集器中离子交换器前端的压力保持在 6 bar。冷凝液经过压力控制器的节流阀之后进入清洗机械杂质过程，机械杂质是被化学物质（基本上是盐类物质）所溶解的。机械过滤器中过滤片之间有 0.15 mm 的缝隙，并能够阻止硬颗粒到达离子交换器，离子交换器中装载着离子交换树脂。离子交换树脂具有清除（吸附）在盐溶液中所溶解的阳离子和阴离子（钠离子、氯离子、铜离子、铁离子）的特性。在经过离子交换器之后，机械过滤器俘获从离子交换器冲刷过来的树脂颗粒，接下来冷凝液沿着两条管线被输送到除氧器中，其中一个离子交换器还被用来向平衡水柜供水。电动凝水泵的液压轴承是由来自自身水泵的冷凝液来润滑和冷却的。在离子交换器前端水的温度不能超过 60 ℃，这是为了防止在离子交换器中的树脂被烧结。在离子交换器出口处的含盐量不能超过 0.5 mg/L。在其中一个离子交换器中安装有 γ 放射性探测器，因为在第二回路被污染的情况下，离子交换器中会渗透进放射性同位素。根据内部压力差的变化可以保持对过滤器清洁度的恒常监控，机械过滤器压力差<1 bar，离子交换器压力差<1.3 bar。在通往除氧器的线路上，正常工作下水的压力不超过 6 bar。在离子交换器前压力保持在 4 bar 以上，这是为了保障汽轮给水泵和其他组件端面密封装置的冷却。

蒸汽冷凝液循环能够稳定进行，取决于在离子交换器前端的总收集器中的压力调节，因为在总收集器中压力的变化会引起主冷凝器的排出管线中冷凝液流量的波动，这会引起所生产的蒸汽压力，以及在除氧器中的压力明显的波动。

到达主冷凝器，冷凝液收集器的冷凝液流量是由调节阀门和泄放阀门总的开度，以及从其他系统排放的流量来确定的。其他系统是指跟当前冷凝器通过远程及自动控制的电传动阀门相关联的系统。这里面包括从海水淡化装置来的冷凝液排放、从除氧器中液位调节器来的补给水排放、从高压和低压吹洗系统来的蒸汽排放、压力调节器的蒸汽排放以及自身抽气器的蒸汽排放。冷凝液从冷凝液收集器进到2台电动凝水泵的抽吸过程(在10 bar压力下,供水量为50 kg/s)中,其中1台电动凝水泵始终处于工作状态。

冷凝器载荷的变化区间很大是发生在如下条件下:从空转状态到两倍超载状态(短时间内可以在5~180 t/h的区间转换),两倍超载会发生在主冷凝器内,压力大于0.5 bar,或者在调节器中油压小于120 bar的条件下;两个工作中的主汽轮发电机中的一个启动防护的条件下。

每一台主冷凝器电动凝水泵都具有自动控制系统。

主冷凝器的参数如下:

· 在供水不可恢复的情况下没有时间延迟的电动凝水泵待命,在凝水泵的压力收集器中压力降低到小于7 bar时,以5 s的时间延迟启动不工作的电动凝水泵;

· 在主冷凝器中液位超过855 mm(冷凝器液位调节器测量标尺的85%)的情况下自动启动不工作的水泵,在液位低于855 mm时将它自动停止;

· 在主汽轮发电机工作模式切换状态时电动凝水泵可以工作在恒定负载状态,这是因为自动控制系统具有两条再循环管线,可以防止电动凝水泵在负载很小时过热。

第一条再循环管线能够保障向节流加湿装置的喷嘴供给冷凝液。

第二条再循环管线能够保障主冷凝器所有过渡负载下喷嘴冷却的冷凝液供给,以此保障电动凝水泵的正常工作。在这条管线上安装有最低流量调节器,它在减少主冷凝器负载的同时打开再循环阀门,以此维持通过抽气器的流量不少于95 t/h。在主冷凝器的所有工作模式下,通过电动凝水泵的流量都不少于100 t/h,这样能够保证其可靠工作。在主冷凝器中的液位是由液位调节器维持的,它的参数是针对设定值的液位偏差为650 mm。液位调节器是比例-集成调节器,它作用在向除氧器排放冷凝液的阀门上。液位调节器恒常可靠的工作关系到整个蒸汽冷凝液循环的稳定进行(在除氧器中所生产的蒸汽压力的波动会引起蒸汽调节器,或者向除氧器补充新鲜蒸汽阀门的“跳变”,特别是在功率限制器调低功率的情况下容易发生这样的现象)。在主冷凝器的冷凝液排放管线上安装有对水泵产生的压力、冷凝液温度和盐度的监控设备。根据冷凝液的温度可以检验冷凝器中的真空度,而根据盐度可以监控主冷凝器管道的密闭性,船舷外水就在这个管道内循环。

冷凝液由电动凝水泵在12 bar的压力下以9.7 kg/s的流量从辅助汽轮发电机的冷凝器中引出。辅助汽轮发电机的冷凝器实际上工作在恒定负载下,因此从它们引出冷凝液的设计就大大简化了。液位调节器是浮漂型的,直接安装在冷凝液收集器内部。它负责在再循环与排出之间对冷凝液流量再分配。节流阀有可能会造成冷凝器液位调节器工作的分流,因此在正常工作情况下它们处于关闭状态。抽气器的加压喷射部分是由冷凝液实现的,冷凝液从水泵的压力收集器经过节流垫圈排放到辅助汽轮发电机的冷凝器中,以这种方式形成了冷凝液的补充循环。辅助汽轮发电机的冷凝器不向循环装置供水,因此它们的补给有可能是在冷凝系统存在压力,以及凝水泵、冷却冷凝器或者主冷凝器电动凝水泵在工作的情况下进行。

冷凝液从冷却冷凝器的引出是通过 2 台凝水泵(流量为 8.3 kg/s、压力为 12 bar)完成的。对水泵的自动控制是按照下列算法实现的:在工作水泵的供水出现不可恢复故障的情况下,自动启动不工作的水泵;在压力收集器中的压力下降到低于 5 bar 时,以 5 s 的延迟时间自动启动第二台水泵;在冷却冷凝器中的液位高于 500 mm 时,自动启动第二台水泵;在冷却冷凝器中冷凝液液位低于 400 mm 时,水泵停止工作;在冷却管道内温度高于 110 ℃时,自动启动水泵;在冷却冷凝器中液位低于 400 mm 时,以 10 s 的延迟时间自动关闭水泵;根据在 2 台主冷凝器中压力超过 0.5 bar 的信号自动启动第二台水泵。从冷却冷凝器出来带有过高盐度的冷凝液会排放到蒸汽发生器的冲洗罐中。

从海水淡化装置排出的冷凝液会相对应地排放到主冷凝器和冷却冷凝器中。在以下情况下,海水淡化装置会停止向主冷凝器排放冷凝液:

· 在自身的冷凝器中真空度下降(压力大于 0.5 bar),或者在冷凝器中液位升高(高于 855 mm,并持续时间超过 1 min);

· 汽轮循环水泵之前已经关闭的任何一个阀门被远程打开。

根据真空度的下降(压力大于 0.5 bar)和正在工作中的主冷凝器内部冷凝液液位持续时间超过 1 min 的升高(高于 855 mm),海水淡化装置会自动向主冷凝器排放冷凝液。

根据下列信号,海水淡化装置会自动向冷却冷凝器排放冷凝液:在 2 台主冷凝器中压力大于 0.5 bar,以及液位高于 855 mm。在冷凝器前端的排放管线上安装有止回阀,它们能够根据相应信号(压力大于 0.5 bar)将排放从一台主冷凝器转移到另一台主冷凝器,阻止主冷凝器中压力的升高。

将冷凝液从海水淡化装置和低压蒸汽发生器排放到主冷凝器,是在以下情况下自动实现的:

· 在主冷凝器中的压力高于 0.5 bar,并且向冷却冷凝器排放的阀门处于关闭状态;

· 在主冷凝器中液位超过了最大值 855 mm,并持续时间超过 1 min,同时向冷却冷凝器排放的阀门处于关闭状态。

排放的阀门被关闭的情况如下:

· 主冷凝器中压力大于 0.5 bar,并且已经安装了打开的闭锁装置;

· 主冷凝器中液位超过了最大值 855 mm,并持续时间超过 1 min;

· 在液位低于最大值 855 mm,或者冷凝器向冷却冷凝器排放冷却液的阀门开启的情况下,向主冷凝器排放的阀门处于开启状态。

冷凝液从海水淡化装置和低压蒸汽发生器向冷却冷凝器的排放,在下列情况下会自动实现:

· 根据两台主冷凝器都不工作的信号;

· 在主冷凝器中液位超过了最大值 855 mm,并持续时间超过 1 min;

· 向主冷凝器排放的阀门处于关闭状态。

在主冷凝器处于工作状态,并且向主冷凝器排放的阀门处于开启状态时,向冷却冷凝器排放的阀门被关闭。

在下列情况下需要向主冷凝器供水:

· 在主冷凝器中压力大于 0.5 bar,并且冷却冷凝器的供水阀门处于关闭状态时,会自动开启供水;

· 在主冷凝器中液位超过了最大值 855 mm,并持续时间超过 1 min,且向冷却冷凝器的供水阀门处于关闭状态时,自动开启供水;

· 在主冷凝器处于工作状态,液位低于最大值 855 mm,或者冷却冷凝器的供水阀门处于开启状态,主冷凝器的供水阀门处于开启状态时,则自动停止供水。

3.3.3 给水系统

给水系统用于向蒸汽发生器和冷凝管道系统供水。

除此以外,给水系统向工作水系统、泵送树脂的扩展储存罐和中央电力舱段的供水是自动进行的。一回路的事故溢出系统,以及在制备化学制品系统中的蒸馏物输送泵也同样从供水备用储存罐获得供水。给水系统有 2 个供水备用储存罐,并带有电动传动装置。

给水系统包括除氧器、平衡罐、给水泵和阀门等。

型号为 ДСТМ 2400-14 的除氧器是用于在水沸腾时除去供水(除去所溶解的气体和空气)中的氧气。在经过除氧器之后,水中的氧气含量不超过 0.02 mg/L。除气是为了防止蒸汽发生器内部管道表面生锈和防止蒸汽发生器密封不严。所生产的蒸汽从汽轮循环水泵和汽轮给水泵被输送到除氧器中。

在除氧器当前压力下,具有饱和温度的水(饱和温度等于 $100 \cdot \sqrt[4]{p_s}$,其中 p_s 代表以 bar 为单位的绝对压力)从除氧器被输送到供水储存罐中。供水储存罐直接位于除氧器的下方,并且与它焊接在一起。在除氧器的上部安有蒸发冷凝器

(单流的,管状结构型,可拆卸的)。在蒸发冷凝器中,空气从蒸汽空气混合物中被分离出来,经过冷却器被排放到主桅杆。

除氧器是一个焊接结构的装置(图 3-8),由除气头和垂直放置的外壳等构成。

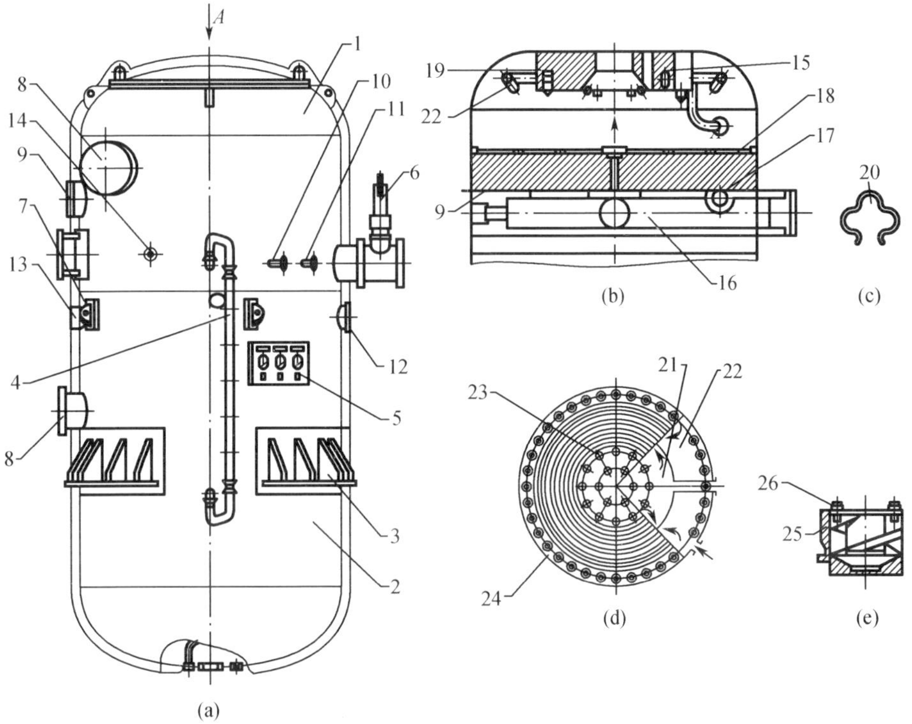

1—除气头;2—外壳;3—底座;4—液位指示柱;5—气压计面板;6—安全阀;7—卡板;8—检查口;
9—盖子;10—压力真空计的进入口;11—压力调节器接入口;12—冷凝液引入口;
13—备用支管;14—蒸汽的补充引入口;15—蒸发冷凝器;16—蒸汽分配管道;17—喷管;18—网;
19,21,22,24—腔室;20—Ω 形元件;23—非调节喷嘴;25,26—加固元件。

图 3-8　ДСТМ 2400-14 除氧器

除气头的作用是将进入除氧器的冷凝液除气,外壳的作用是收集和蓄积被除气后的冷凝液。在除气头的中间位置安装有由 Ω 形元件构成的套装结构,它是用来保障被除去气的冷凝液和加热蒸汽(为了更高效地排除气体)之间的扩展接触面积的。在除气头底部装配有 2 个水分配装置、2 个被除气冷凝液引出管、2 个接收室和 2 个旁通水袋。

除氧器的基本参数如下：

· 除氧速率为 240 t/h；

· 被除气的冷凝液中氧气的初始质量浓度为 2 mg/L；

· 在工作状态下除氧器的质量为 20 t；

· 蒸汽流量为 32 t/h，压力为 1.4 bar 的情况下，供水温度为 105 ℃。

通过在除氧器中压力的保持实现了温度的恒定，压力保持是借助于产生蒸汽的调节器和补充新蒸汽的调节器来完成的。在二回路系统中冷凝液体量的保持是借助于除氧器中液位调节器和根据液位下降的信号从供水备用储存罐向平衡罐的供水来实现的。

供水流失的补充系统负责供应海水淡化装置中所获得的淡水，用于保持 2 个供水备用储存罐的储水。淡水被供水泵输送到总收集器中，然后分配到各个用水单元。用于第二回路的供水被抽送到平衡罐中，在正常工作状态下它从那里被供给到主冷凝器或者冷却冷凝器中。

冷凝液由下列原因造成损失：

· 任何一个蒸汽系统安全阀的爆裂；

· 蒸汽向大气中的排放，或者蒸汽冷凝循环管道的泄漏；

· 蒸汽在密封垫、连接处的泄漏，或者蒸汽空气混合物在抽气器蒸发过程中不完全冷凝；

· 抽样检测，与工艺操作有关的冷凝液向船舱的排放，以及淡水的其他损失。

除氧器有两个液位调节器，其中一个由供水阀门控制，另一个由系统向平衡罐的排水阀门控制。在除氧器中液位升高时，液位调节器将部分冷凝液从在除氧器之前的压力管线中排放到平衡罐。在除氧器中液位降低的情况下，控制供水阀门开度的调节器开始工作，水通过它从平衡罐输送到主冷凝器的供水集散器或者冷却冷凝器中用于系统的供水。

禁止出现同时打开除氧器的排放调节器和供水调节器的情况，因为这会导致冷凝液通过平衡罐的旁路循环，所以必须监控这些调节器的工作状态。在除氧器中液位的变化取决于装置的功率：在装置功率降低的情况下，蒸汽发生器的水装量会减小，因为蒸汽发生器的节热器区域减小了，这会引起除氧器中水的液位上升。随着装置功率的升高，蒸汽发生器的节热器区域增大，蒸汽发生器的水装量也增大了。来自平衡罐的系统供水总是由一个冷凝器完成，同时供水阀门的开度是与除氧器中的液位成比例的（平衡罐的容积为 25 m^3）。有专门的供水系统向平衡罐供水。供应水都装在两个供水备用储存罐中（每个储存罐的容积为 55 m^3），它从海水淡化装置输送到备用储存罐中。每个储存罐都具有自己的供水泵（供水量为 4.4 kg/s，压力为 11 bar），供水泵带有自动远程控制系统。在除氧器工作异常的情况下，人们可设置为不除气的工作模式，冷凝液会经过离子交换器到达平衡罐，然后再从平衡罐经过止回阀到达汽轮给水泵或者备用给水泵。平衡罐具有用隔舱分隔出的容积为 15 m^3 的空间，从那里水被输送到事故供水泵，在核反应堆事故防护系统启动的情况下，事故供水泵会自动启动。这保障了在供水损失的情况下装置的冷却。温度为 104～107 ℃，以及含氧量为 0.02 mg/L 的供应水从除氧器被输送到汽轮给水泵和事故供水泵的抽吸集流器中。汽轮给水泵抽吸一侧的增压低于 1.2 bar。事故供水泵具有在核反应堆事故保护装置启动情况下自动启动的功能。一个水泵的工作能够保证在事故保护装置排放之后核反应堆的冷却。汽轮给水泵和事故供水泵具有一个共同的压力集流器，该压力集流器由两个分布有供水阀门和节流阀门的供水流量控制管线与它们相连接。为了测量液位，除氧器安装有 3 个探测器。所有探测器都接入在除氧器的最低点，以及均衡箱上面。在均衡箱里，借助于溢流管和供水系统，除氧器保持着恒定的液位，此液位符合最大设计高度（3.77 m）。液位探测器的测量值为 0～3.77 m，并且可以保障除氧器中测量通道的正常工作，以及液位上下限的信号报警（通常所预定的上限为 3.45 m，下限为 3 m）。

除氧器的液位调节探测器的测量值为 0～500 mm，这里 500 mm 对应着最大液位（3.77 m）。除氧器的液位调节探测器能够保持液位在 3.2～3.3 m，并且可以控制除氧器的排水阀门开度。冷凝液从除氧器排放（液位高于预定值的情况下）到平衡罐是通过向冷凝器供给冷凝液的压力管道完成的。

从平衡罐出来的供水在阀门打开的情况下，沿着供水管道通过打开的阀门向冷凝器供水，或者向冷却冷凝器供水。水到达主冷凝器供水系统后，会导致主冷凝器中的液位升高，当液位高于预定值时，主冷凝器的液位调节器开始工作，将水排放到除氧器中。

需要调节好维持除氧器中液体高度的除氧器供水和排放控制器的工作，使得控制器的变化范围尽可能减小，目的是减少对主冷凝器液位和所产生蒸汽压力的调节回路造成的扰动。供水和排放控制器应该选择此安装方式，能够避免排放阀门和供水阀门同时打开（以此避免冷凝液的旁路循环“平衡罐—主冷凝器—平衡罐”）。

供应水的平衡罐（容积为 25 m^3）用于保障事故供水备用储存罐，同时也可作为冷凝液和供应水的收集与分配储存罐，以及作为冷凝液的过渡储存罐。

3.3.4　辅助蒸汽冷凝系统

高压吹洗系统，用于吹洗蒸汽管道、新蒸汽管线的机械结构，以及从主要的和辅助的蒸汽系统向主冷凝器或者冷却冷凝器传送冷凝液管线的机械机构。

系统总管道可以通过电子传动自动阀门向主冷凝器和冷却冷凝器排放蒸汽。主冷凝器的阀门在下列情况下会自动关闭：

· 在两个冷凝器中的压力高于 0.5 bar 时；

· 主冷凝器保持在真空状态下。

如果在主冷凝器中压力低于 0.5 bar 时，那么打开任何一个主冷凝器的排放阀门都可以实现冷却冷凝器阀门的自动关闭。

蒸汽发生器包含从汽轮给水泵和汽轮循环水泵来的总管道，通过总管道经过隔断闸门和生产蒸汽压力调节器向除氧器与主冷凝器排放蒸汽，同时经过排放阀门向冷却冷凝器排放蒸汽。总是只有一台生产蒸汽压力调节器工作，它在隔断闸门开启的情况下自动设定。从二回路安全阀引出蒸汽到大气的系统具有 3 个单独的集流器：前端的 1 个集流器用于前端机器单元，后端的 2 个集流器联合用于后端机器单元。每个集流器的尾部都有消音装置。蒸汽通过消音装置从爆开的安全阀排放到大气中。从蒸汽发生器，以及从低压蒸汽发生器和辅助锅炉装置来的管道在通过安全阀之后都嵌入这些集流器上。蒸汽发生器具有自己单独向大气排放的装置。在系统中安装有本地的温度计，根据它们能够判断出安全阀是否打开（根据管道的加热情况）。除氧器、冷却冷凝器和海水淡化装置通过主冷凝器与辅助冷凝器的抽气器引出蒸汽空气混合物的系统被用于从蒸汽空气混合物中排出蒸汽，以及蒸汽的冷凝和将空气排放到主桅杆上。该系统包括蒸发冷凝器。冷凝液通过蒸发冷凝器返回到冷凝液系统，而空气（带有很少量的蒸汽）通过止回阀被排放到主桅杆上。蒸发冷凝器从淡水的中央冷却系统得到冷却。蒸汽空气混合物中的一小部分被气体放射性监控系统抽吸出来。这种对蒸汽发生器密闭性的监控灵敏度远高于在每一个蒸汽发生器之后反应性测量的灵敏度（在蒸汽发生器有微泄漏的情况下）。

低压吹洗系统，用于吹洗生产蒸汽系统和海水淡化装置的加热蒸汽系统的管道与机械结构，并具有向主冷凝器和冷却冷凝器排放蒸汽的功能。各个阀门的控制原理类似于高压吹洗系统的排放阀门。

3.4 汽轮给水泵和汽轮循环水泵

型号为 ПТН 14A 的汽轮给水泵用于向蒸汽发生器供水，并且以此保障在蒸汽发生器中从一回路的载热介质中不间断地引出热量。以这种方式获得的二回路的载热介质，就是提供给主汽轮发电机和其他机械机构的蒸汽。水泵具有自动控制系统，它包括反压力为 1.3~2.3 bar 的蒸汽涡轮。速关阀前端新蒸汽参数:压力为 26.5 bar,蒸汽温度为 300 ℃,蒸汽流量为 10.9 t/h,转轴转速为 4 850 r/min。蒸汽涡轮驱动四级离心泵的转轴旋转,四级离心泵的输出压力为 75 bar,温度为 104~110 ℃,它能够在 100%负荷下保障 220 t/h 的供水。总是有 2 台水泵处于平行的工作状态。主蒸汽管道内的恒定压力是由生产蒸汽压力调节器来维持的,它能够维持大约 0.35 bar 的多余蒸汽压力。

蒸汽涡轮和水泵,与控制单元和带有空转启动功能的反向阀门一起,被装配在整体基座上。蒸汽涡轮是具有两级速度的多速度级叶轮。在蒸汽涡轮外壳上安装有带 8 个铣切喷嘴的喷嘴箱。从涡轮到水泵的传动由齿轮离合器实现。在装置运行过程中会出现下面这种模式:水泵产生的压力低于管网中的压力,并且不可回流(反向)阀门被加压关闭(通常在水泵开启状态下)。为了避免在这种状态下水沸腾,人们专门设计了零供水的空转注水(或者空转排出),在水泵的加压支管上安装了具有空转功能的反向阀门。在反向阀门关闭的情况下(水泵压力低于管网内的压力),加压阀门到除氧器或者平衡罐的排水孔被打开。在反向阀门打开的情况下,向除氧器的排水被停止。在关闭排水的情况下绝对禁止启动水泵,因为这会引起事故。

应用于汽轮给水泵和汽轮循环水泵传动的不带冷凝器的涡轮没有冷凝器,这样会极大地简化系统和系统的运行,并且能够保障水泵抽吸一侧的恒定增压,由此可以将它们安装在机器单元的第二层底部。所产生的蒸汽被传送到除氧器。

水泵抽吸的增压是由水泵上水柱的高度决定的,水柱高度可以达到除氧器中的液位,增压保障了在水泵的入口处将水加热到沸腾温度,并且防止在水泵入口处供水的沸腾,也就是防止了供水的中断。

自动控制、自动调节和涡轮水泵保护的电子液压系统能够在必要时实现在现场的操作,并且能够实现远程岗位上的停机操作。

在涡轮顶盖生产蒸汽的一侧安装有安全阀(压力为 1.40~1.44 bar),用于防止在故障条件下涡轮内压力的升高。

装置由自主的润滑油系统供油,润滑油系统由油泵、润滑油过滤器、润滑油冷却器以及油罐构成。

在电力(24 V 的直流电)中断和恢复情况下,水泵装置不会改变工作模式(在电力中断的情况下关闭远程控制,启动油泵的自动控制,以及润滑油系统中的压力防护和信号报警系统)。在这样的条件下,装置的停机只能通过手动停止阀门来实现,而装置的启动只能通过控制单元上的电动液压控制器按键才能实现。

在润滑油冷却器中油的冷却是通过中央冷却的淡水实现的,淡水的压力为 0.4 MPa,温度不超过 32 ℃,用于冷却的水的流量约为 7 m^3/h。为了给系统加油，需要 300 L 润滑油，润滑油的品牌是涡轮 T-46、T-68、T-77。

水泵装置的基本参数如下：

· 蒸汽压力为 2.3~2.6 MPa，温度为 280~300 ℃；

· 在停止阀门前端蒸汽温度为 265 ℃的情况下，水泵的供水量不超过 210 t/h；

· 为了系统能够在压力为 0.8 MPa、温度不超过 80 ℃情况下自动工作，在任何工作模式下工作水的供给应该为 2 t/h；

· 从每一个供水泵的端面密封处渗漏的水量为 0.2 L/h，并且被泄放到舱室中；

· 从涡轮抽吸室和蒸汽分配装置出来的蒸汽空气混合物流量为 100 kg/h；

· 在额定工作模式下，管道内的阻力不超过 0.15 MPa 时，从轴向力卸载室引入到除氧器中的水每小时不超过 15 t；

· 启动时间不超过 20 s（对于已经预热好，准备投入工作的装置），启动而且要转换到额定工作模式的时间为 3~4 min。

带有两极速度的冲动式蒸汽涡轮具有平均直径为 600 mm 的双齿盘转盘。离心型供水泵带有 4 个工作泵轮。在获得必需的压力之后，水通过输出支管供给到带有空转启动功能的反向阀门，然后输送到蒸汽发生器供水系统的调节机构。为了卸载在水泵工作时由于沿着工作泵轮两个方向上的水压差而产生的轴向力，在供水泵里设计了专门的液压装置。液压装置由减压盘和减压盘圆环构成，它们被安装在水泵外壳的顶盖上。水从卸压室被输送到除氧器。

涡轮泵机组具有控制模块的全套仪器。自动控制的液压系统可以完成下列功能：

· 根据蒸汽发生器的工作模式改变引入涡轮内的蒸汽量；

· 自动保护功能；

· 通过按钮，从本地的和远程的控制台上对机组进行启动与停机操作。

带有伺服电动机的调节阀门用于在机组启动的情况下向涡轮提供蒸汽，在机组停机的情况下终止蒸汽的供应，在运行模式下对供应涡轮的蒸汽流量进行定量调节。对蒸汽的定量调节，既可以用手动的方式实现（借助于飞轮），也可以用自动的方式实现（带有伺服电动机的阀门与供水阀门和节流阀门的总压力差调节器组合工作）。用飞轮的转动来实现向手动控制的切换或者反向切换。

在自动控制情况下调节阀门，也就是改变向涡轮提供蒸汽的量，只能通过伺服电动机来实现。通过阀门连接杆的移动可以实现反向的硬连接，而通过调节螺栓能够改变自动调节系统的静态特性（比如在额定工作模式下所维持的压力差（供水阀门+节流阀门）大于 0.85 MPa，而在停泊模式下所维持的压力差为 1.3 MPa，也就是说，只有调节的压力差低于 0.45 MPa 时，才能使得机组稳定平行地工作）。

如果压力管道和所生产蒸汽的管道内部阀门没有打开，那么汽轮给水泵具

有启动阻挡机构(禁止打开停止阀),也能够通过停止阀的关闭对汽轮给水泵完成事故关机。事故关机是根据下列参数进行的:

· 转子的旋转达到极限转速,为 5 350~5 600 r/min;

· 在水泵的压力管线上水压达到极限值,超过 104 bar;

· 润滑油压力降到低于 0.70~0.72 bar。

型号为 TЦ 4T OM5 的汽轮循环水泵的作用是向主冷凝器输送船舷外水。在循环泵速关阀前端的蒸汽参数:压力为 30 bar,温度为 300 ℃,蒸汽流量为 1.06 kg/s,反压力不大于 1.5 bar,转轴转速为 750 r/min,水泵供水能力在压力为 1.1 bar 的额定工作模式下为 4 600 m^3/h。汽轮循环水泵的主轴转速在自动控制下可以为 290~715 r/min。

事故情况下,涡轮停机是通过油开关完成的,油开关能够切断调节阀门的动力油供应。在这种情况下,阀门的弹簧将它关闭,并且停止向涡轮的蒸汽供应,随之汽轮循环水泵停机。

汽轮循环水泵具有下列防护。

· 按照极限转速:根据来自悬挂油泵(转速为(855±7) r/min)的液压信号;来自离心“击针式”开关的保护(转速为(877±7) r/min);

· 在脉冲的油压下降到低于(0.6±0.2) bar 时,对汽轮循环水泵实施事故停机。

汽轮循环水泵的供水与在冷凝器中的热载荷有直接关系,热载荷由调节阀门和泄放阀门的开度值确定。在 29%~100%的供水量内,汽轮循环水泵的转速是由“达马吉克”系统自动改变的,这对应着主轴转速的变化为 290~715 r/min。在自动控制下,降低汽轮循环水泵的转速到 290 r/min 以下是不允许的。

在主涡轮机组所有的工作模式下都要保障在主冷凝器里船舷外水具有 10~15 ℃的温度差。

船舷外水的温度调节是在水箱里进行的。主要的和辅助的机械机构通过船舷外水进行冷却温度的调节系统是由 6 个水箱来保障的(图 3-9)。

在前端电站里分布着舱底和船侧水箱。而在船尾机器单元:在左、右船舷都有船侧水箱和舱底水箱。左船舷和右船舷的舱底水箱借助于 2 个独立的接收与返回的连接管连接成对。在船舷外水系统内安装了带有执行液压机构的单独的闸门。执行液压机构由压力为 85~90 bar 的来自 3 个液压站的动力油借助于电动液压操控器进行控制,能够保障从接收管线的管道里和双层舱底的分支管线里除掉空气。

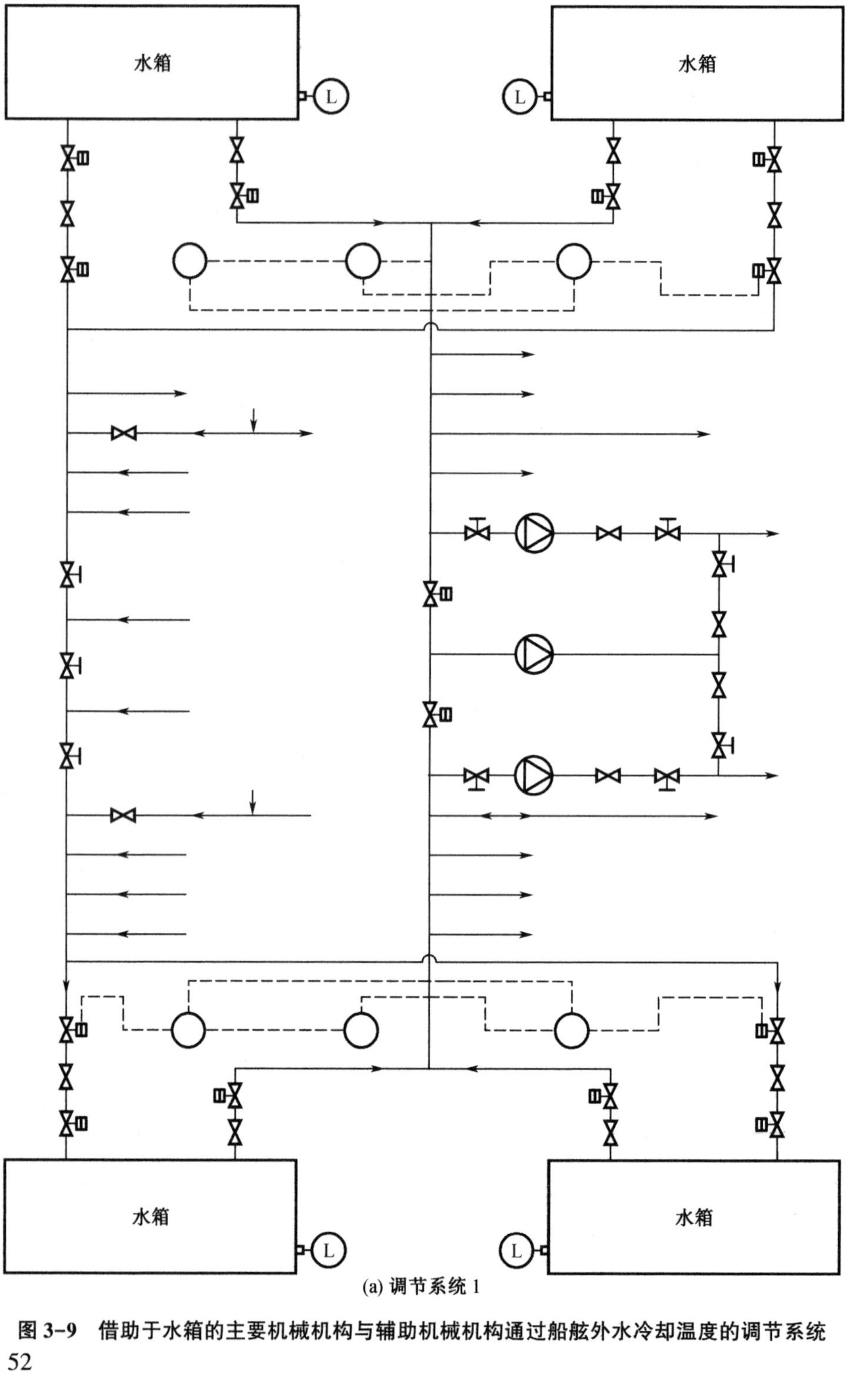

(a) 调节系统 1

图 3-9　借助于水箱的主要机械机构与辅助机械机构通过船舷外水冷却温度的调节系统

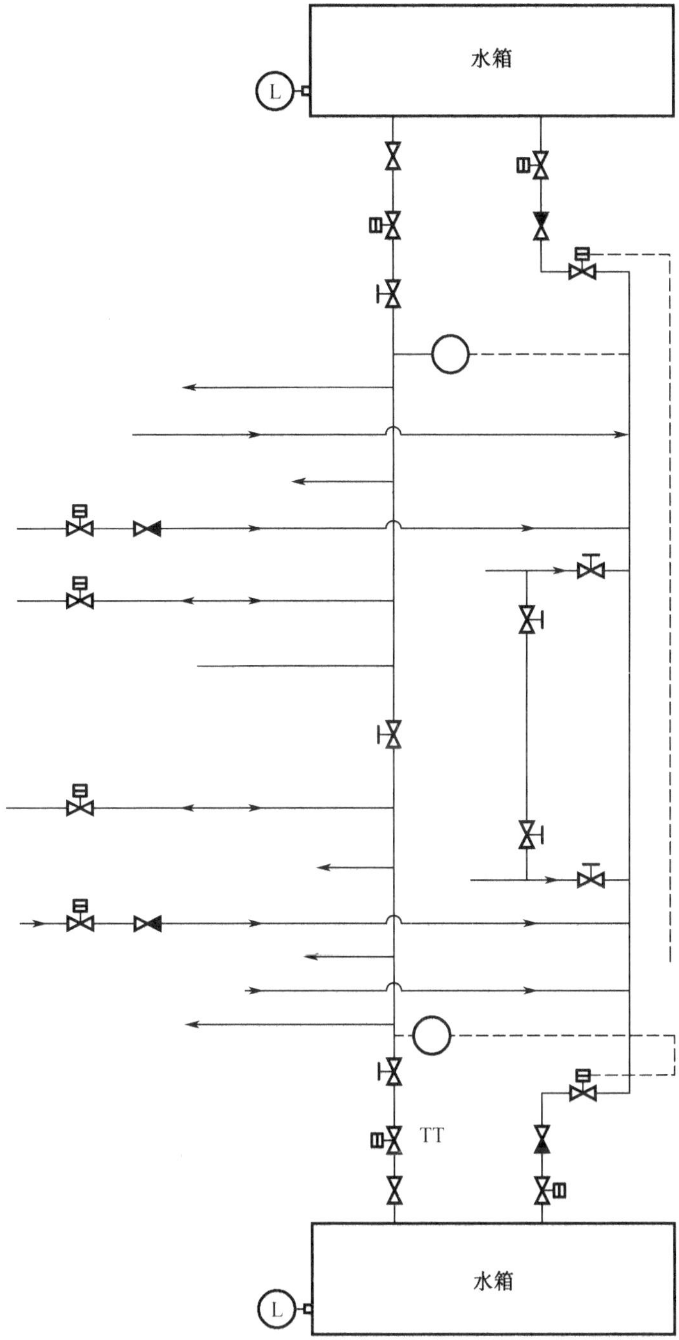

(b) 调节系统 2

图 3-9(续)

对舱底的或者船侧的水箱进行选择是由中央控制单元决定的。要选择两个中的一个作为主水箱,另一个作为从属水箱。主水箱向从属水箱的转换是在主水箱内的水位与从属水箱的相比,在 1 min 10 s 之内下降了 1.2 m 的情况下进行的。在主冷凝器入口处温度的保持是依靠经过主冷凝器的热水向主水箱和从属水箱排放后重新分配实现的。

在有相互作用的水箱对里,可以从两个接收闸门中打开一个水箱:若打开的为主水箱,则另一个为从属水箱。温度调节系统维持在主冷凝器入口处船舷外水的温度为恒定值,为 10 ℃,而对于头部机器单元的辅助机械机构的冷却,则为 12 ℃,这是通过对向主水箱的热水排放进行调节实现的。

3.5 辅助蒸汽锅炉

2 台型号为 KAB 6.3/7 的辅助蒸汽锅炉(蒸汽产生率为 6 300 kg/h,蒸汽压力为 7 bar)。当核动力装置不工作时,使用这些锅炉将蒸汽输送到船舶加热和海水淡化装置。锅炉是船用、蒸汽、水管道式的,使用液体燃料,带有自然循环和 2 个集流器,具有单向流的烟气,单锋面加热,还带有位置比例调节系统(图 3-10 至图 3-13)。离心型供水泵带有电动传动装置,即电动传动的燃油喷嘴泵和电动传动的离心型风扇。

蒸汽锅炉的基本参数如下:

· 锅炉的出口处气体温度为 383 ℃;

· 在锅炉额定负载下燃油的消耗量为 493 kg/h;

· 蒸汽湿度不超过 1%;

· 喷嘴前端的燃油压力为 1.5 MPa;

· 用于燃烧的空气消耗量为 2.48 kg/s;

· 锅炉的气体空气阻力为 2 940 Pa;

· 所使用电流的功率为 19.5 kW;

· 供水的温度为 50 ℃;

· 对于加热和燃油雾化所需要的蒸汽消耗量为 42 kg/h;

· 燃油:低黏度的“Л-62”,中等黏度的“ДТ”“Φ5”“Φ12”,高黏度的“ДМ”“重油 40”“40B”(在“泰梅尔”号上不使用);

· 锅炉的效率为 80%;

· 加热表面积为 129.7 m^2;

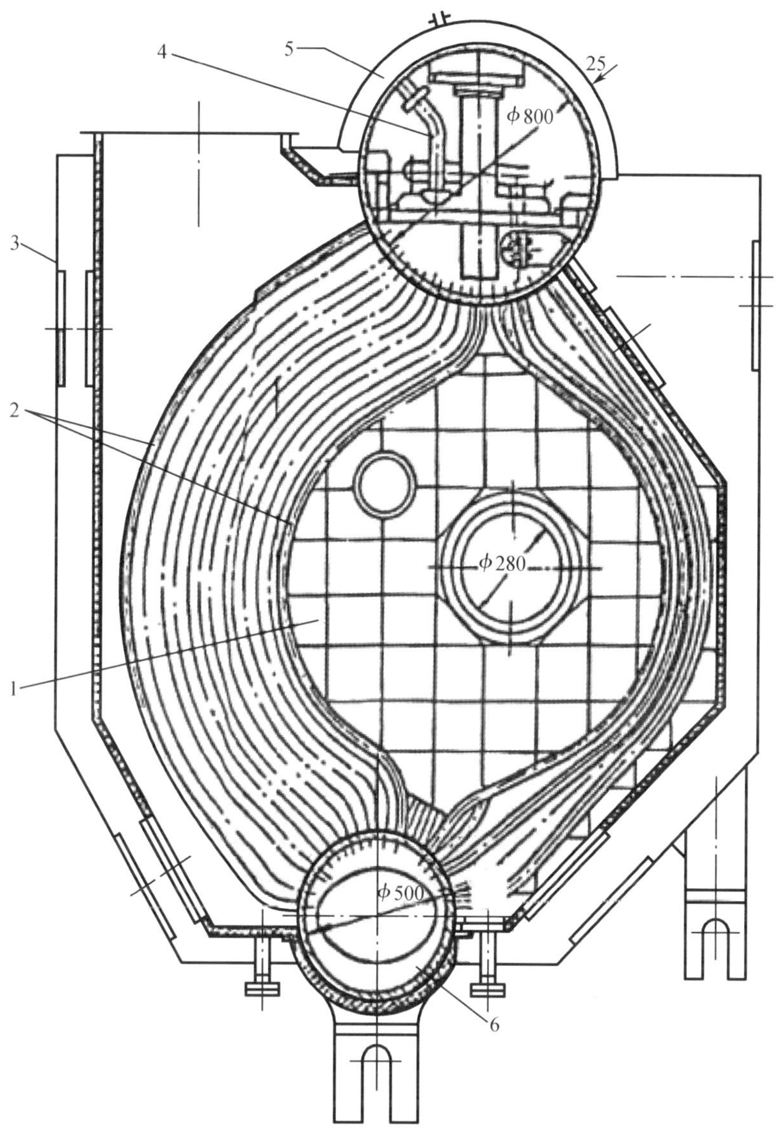

1—锅炉支架；2—开水管；3—锅炉外罩；4—蒸汽水收集器的内部空间；
5—收集器隔热层；6—水收集器。

图 3-10　辅助蒸汽锅炉（横向剖面图）（单位：mm）

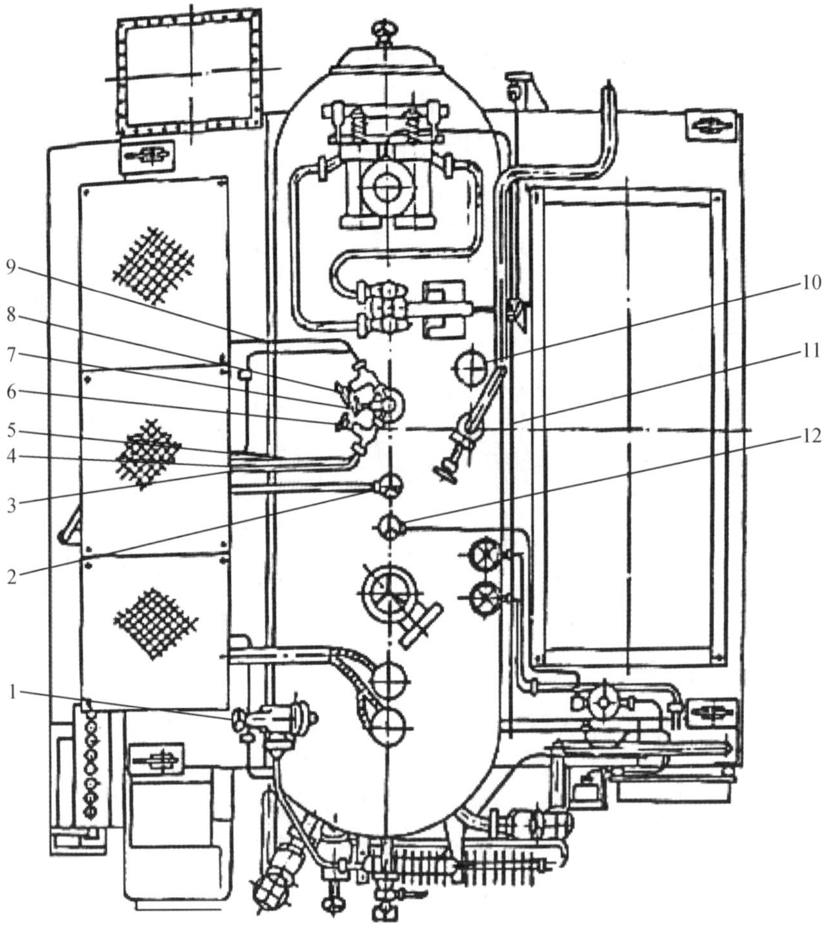

1—核反应堆汽轮发电机的连通阀门；2—燃油加热器阀门；3—压力调节器的脉冲管；
4，5，6—位置调节继电器的脉冲管，分别为蒸汽压力继电器和蒸汽压力调节器开启继电器；
7—蒸汽排放阀门；8—保湿阀门；9—磁感应传感器的脉冲管；10—酸冲洗的溶液引入支管；
11—上部吹洗阀门；12—雾化蒸汽压力调节器。

图 3-11　辅助蒸汽锅炉（俯视图）

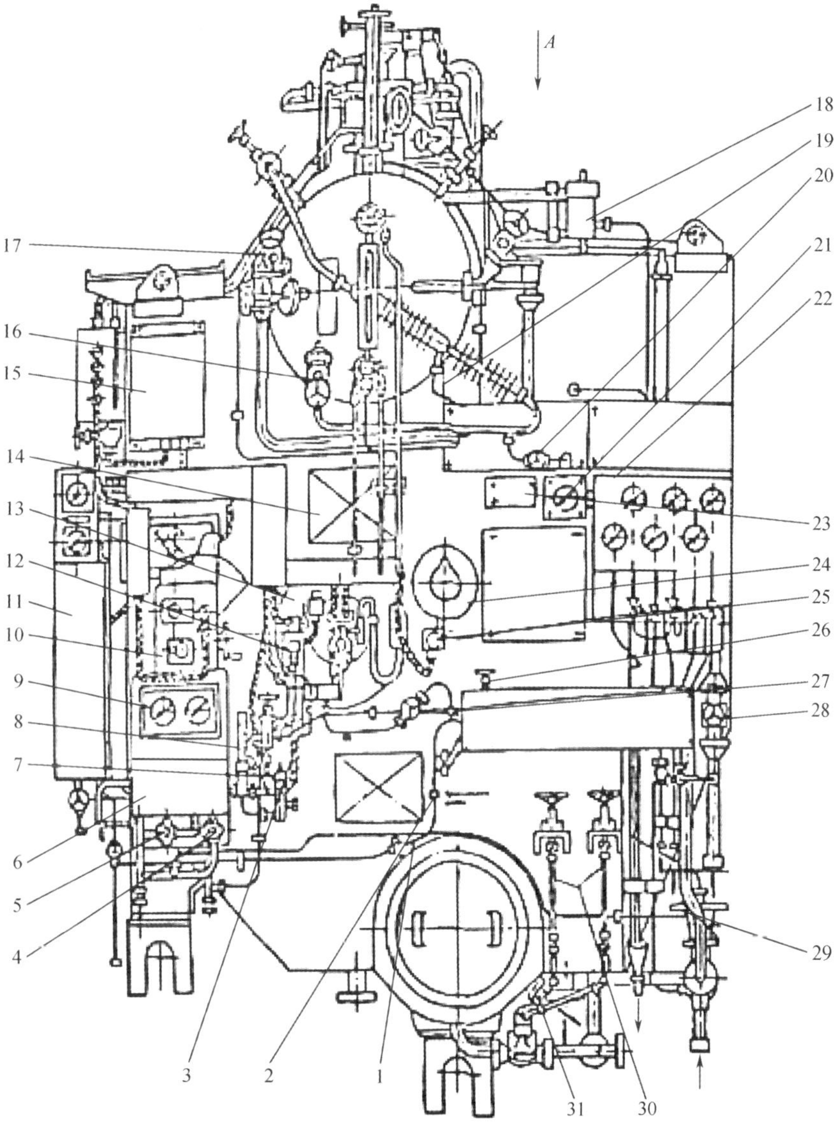

1—引出冷凝液管道；2—节流垫圈；3—随件夹具；4—燃油压差手动调节阀门；
5—燃油压差调节器阀门；6—调节单元；7—专用阀门；8—温度计；9—气压计面板；
10—燃油调节阀门；11—燃油组件；12—再循环阀门；13—燃烧室设备；14—覆盖板；
15—点火变压器单元；16—核反应堆汽轮发电机的连通阀门；17—供水阀门；18—蒸汽压力调节器；
19—反应堆汽轮发电机自动阀门的脉冲管；20—反应堆汽轮发电机吹洗阀门；21—压力计；
22—压力计的控制面板；23—公司铭牌；24—观察装置；25—“启动-停机”手动控制（按钮）；
26—喷雾空气引入阀门；27—雾化蒸汽引入阀门；28—蒸汽引入阀门；29—供水调节阀门；
30—下部吹洗阀门的手动传动装置；31—酸冲洗溶液引出接管嘴。

图 3-12　辅助蒸汽锅炉（前视图）

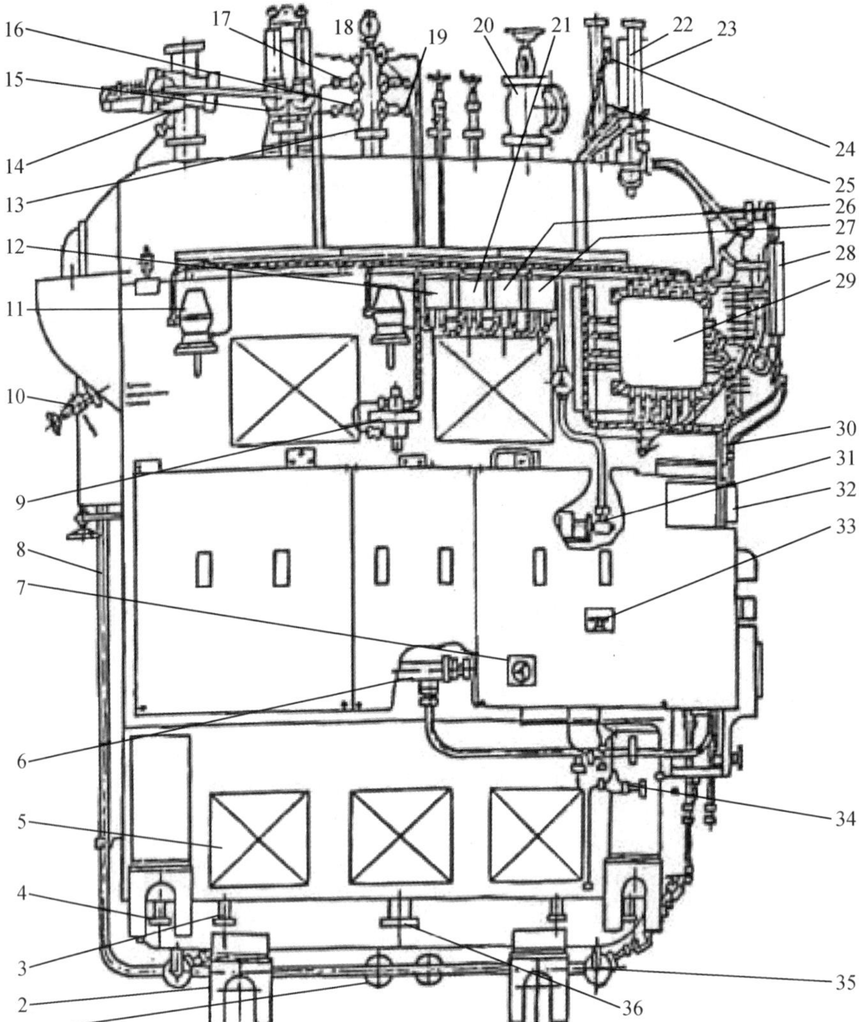

1—节流垫圈；2—带底座的支撑脚；3—燃烧室的燃油排出管嘴；4—覆盖板中空间排出管嘴；
5—覆盖板；6—燃油加热器；7—燃油加热阀门；8—排放管道；
9—锅炉外罩中空气压力差膜片指示器；10—抽样阀门；11—磁感应传感器压力计；
12，27，19—蒸汽“最大”“最小”压力继电器和相应的阀门；13—分配收集器；14—主安全阀；
15—保险脉冲阀门；16，17—压力计阀门；18—二位式压力继电器阀门；20—主截止阀门；
21—压力位置调节继电器；22～25—锅炉水位指示器；26—压力调节器；28—水测量窗口；
29—连接箱；30—压力差动调节器；31—黏度调节器；32—压力计；33—过滤器；
34—冷凝液引出阀门；35—下部吹洗阀门；36—冲洗水的下降支管。

图 3-13 辅助蒸汽锅炉(组装图)

· 蒸汽的空间体积为 0.495 m^3；

· 燃烧室的空间体积为 2.41 m^3；

· 锅炉里到达中间液位的冷水质量为 1.87 t；

· 锅炉机组的外部尺寸(长×宽×高)为 3 630 mm×2 780 mm×4 355 mm；

· 在干燥的状态下，锅炉机组的质量为 12.7 t。

锅炉可以利用钠离子进行炉前给水处理(在“泰梅尔”号上未使用)。所有锅炉系统的电力由三相电压 380 V 的电源和 50 Hz 频率的单相电压 220 V 的电源供应。

锅炉机组包括以下机械机构和设备。

· 安装有热监控仪器的蒸汽锅炉、自动控制设备、传感器、点火变压器单元；

· 自动控制单元；

· 辅助机械机构和设备：供水泵，带燃料泵的电动泵送机组，电动风扇，狭缝式燃油净化过滤器，燃料加热器，带有压力和连接配件的燃料、水、蒸汽和空气的管道，动力电缆线。

每个锅炉由以下组件构成：外壳、带有过渡座的支撑脚(2 个前支撑脚为固定的，2 个后支撑脚为可移动的)、护套、砖砌支架和绝缘层、附件与燃烧室装置。可移动支撑脚座板上的椭圆形孔及垫圈和板之间的间隙保障了支撑脚在过渡底座的支撑面上的自由运动，这种运动是锅炉的热膨胀所引起的。

锅炉护套的外壁和内壁形成了内外壁间的空间，空气通过此空间流入锅炉燃烧室用于点燃燃料。燃烧室装置、控制系统设备、燃料模块、控制单元和锅炉机组的其他元件固定在护套壁上。锅炉的砖砌底座是由耐火黏土砖制作的。侧面壁和天花板壁，以及处于管道外的前、后墙壁由石棉纸板进行隔离。处于开放区域中的蒸汽和水的收集器外表面由石灰-二氧化硅板进行隔离。

锅炉体由蒸汽生成的对流管束、水管壁及与蒸汽和水收集器闭合的下降导管构成。对流管束由排管道按照象棋阵列排列而成。水管壁由一排连续的管道组成，这些管道的尾端位于与收集器连接的区域(采用锻轧的方法与收集器连接)，并被分成两排。下降导管在水管壁的那一排管道的后面以象棋阵列的方式排成三行。管道材料为“10”号钢，收集器的材料为“20K”号钢。

蒸汽与水收集器的内部分布有以下结构：

· 箱形的天花板带孔挡板，孔的直径为 12 mm，处于收集器的蒸汽空间内，功能是将蒸汽沿着挡板的整个长度均匀地引出；

· 沉浸的带孔挡板由 5 张薄板组成，薄板上带有直径为 12 mm 的孔，作用是均衡整个蒸汽空间的负荷；

· 带直径为 10 mm 孔的供水管，孔沿着管道长分布成一排，并朝向下降导管的方向；

·排污盘能够确保锅炉的表面排污,目的是从蒸汽和水收集器中除去泡沫与轻的含石油颗粒,以及将锅炉水的含盐量保持在正常范围内;

·2个浮动系统(每个浮动系统由外壳、浮子、支杆和磁铁组成),用于与液位指示器联合使用。

在蒸汽和水的收集器上,安装了4个液位指示器,它们与2个浮动系统一起工作:

·第1个液位指示器用于在中央控制台上显示水的液位;

·第2个液位指示器发出事故高水位(距中间液位160 mm)、事故低水位(距中间液位-120 mm)、较低的警告水位(-90~105 mm)的预警信号;

·另外2个液位指示器发出事故低水位(120 mm)和较高警告水位(90 mm)的报警信号。

来自锅炉的蒸汽收集器的蒸汽通过主停止阀门供应到外部使用单元,主停止阀门是不可回流的压力阀门,仅能在一个方向上(从蒸汽收集器到蒸汽管道)通过蒸汽。

根据锅炉的自身需要,蒸汽被送入喷嘴用来雾化燃料。

安全阀用于在锅炉内压力高于正常值的情况下,从锅炉中自动排出多余的蒸汽。

供水阀门由封闭在外壳中的压力分离阀门和不可逆压力阀门组成。

带格纹玻璃的水位指示器用于在视觉上监测锅炉中的水位,并服务于自动化水位调节系统。

燃料模块包括以下元件:燃料加热器、黏度调节器、黏度传感器、差压计、燃油滤清器、燃料加热阀门、燃料不可逆压力阀门、压力表、管道冷凝液排出器。燃料模块用可拆卸屏蔽板封闭。

控制单元包括以下元件:燃油压力差调节器、燃料调节阀、压力差调节阀门、对压力差调节器的截止阀、压力表挡板、管道(燃料,脉冲)。控制单元放置在盒子中并用挡板封闭。

燃烧室装置用于在锅炉的燃烧室中供应和点燃燃料。它为锅炉的所有操作模式提供可靠的自动点火和燃料燃烧功能。燃烧室装置由蒸汽机械喷嘴、带有空气切向叶片旋流器的空气导向装置、燃料回收阀门、高速关闭自动设备、燃烧传感器(在燃烧室中没有火苗的情况下,向自动控制单元发出信号)、电极和风门模块组成。

蒸汽机械喷嘴在整个燃料压力为0.7~16 bar的变化值内实现高质量的燃料雾化。

锅炉中用于燃料燃烧的空气通过可调节的空气挡板通过风扇压送。空气调节挡板与使用操纵杆的蒸汽电子压力调节器的控制燃料阀门凸轮相关联。随着燃料消耗的变化,燃料阀门凸轮的位置也发生变化,这导致闸阀的旋转和空气流入锅炉流量的变化。

锅炉中的蒸汽压力可使用调节单元调节,其中回收燃料阀的单转电动机构是蒸汽压力的调节器的执行机构。当单转电动机构转轴转动时,燃料分流阀和空气挡板凸轮旋转,这导致锅炉燃料和空气消耗与锅炉的负载相对应地变化。对闸阀的手动控制是通过调节燃料阀的飞轮进行的。

锅炉的供水由冷凝液的暖箱实现,使用离心泵中的一个沿着自动或手动供水管线经过机械过滤器供水。在锅炉的压力管线上,安装了自动供水阀门,而在手动供水管线上,安装了手动调节阀门。

热液压液位调节器能保持蒸汽收集器中的预定水位。它由脉冲发生器和供水自动阀门-液位调节器的执行机构组成。该脉冲发生器与锅炉蒸汽收集器的水和蒸汽腔连通,其外表面具有冷却散热片。在脉冲发生器中,热量从管道传递给冷凝液,冷凝液填充在环形腔里,结果冷凝液部分被蒸发,在自动供水阀门的膜片上产生脉冲压力。当锅炉收集器中的水位变化时,内管道的表面通过蒸汽洗涤也发生改变,与此相关脉冲压力也发生变化。当水位降低时,自动供水阀门膜片上的脉冲压力增加,供水流量也增加。

锅炉配备了控制系统、自动调节系统、保护和报警系统。

这些系统可自动地保障以下功能:

· 通过按下本地操作台的“开始”按钮,自动启动锅炉机组,使它从冷状态进入预备工作状态;

· 在正常载荷变化范围内的锅炉蒸汽压力的自动保持;

· 燃烧所需“燃料-空气”的最佳比率的自动维持;

· 通过手动按下本地的和远程控制操作台的“停止”按钮可以将锅炉机组关闭;

· 可以自动地关闭已经损坏的供水泵并且开启备用水泵。

自动控制系统能够保障在锅炉机组所设定的工作模式下所有参数的稳定,除非这些参数超过以下数值:

· 锅炉内蒸汽压力为±0. 2 bar;

· 在燃料分流阀内燃油的压力差为±0. 2 bar;

· 燃油的黏度为±0. 3 条件黏度;

· 雾化蒸汽的压力为±0. 01 MPa;

· 锅炉内水位为±40 mm。

自动控制系统包括下列组件:

· 自动控制单元,它能够保障对锅炉机组所有元件,以及防护系统、报警系统、操作人员不正确的操作行为进行屏蔽的系统控制;

·用于保障自动控制系统工作的设备,即防护和报警系统继电器、状态报警器、不间断的信息传感器、执行设备(供水泵和喷油泵的磁力开关、风扇及阀门)。

锅炉的报警系统能够在事故情况下在本地操作台和中央操作台上提前预警:针对在锅炉内的水位和蒸汽压力。

对于锅炉机组的运行设计了锅炉给水制度的保障措施。

对于锅炉给水程序不间断监控是通过供应水的质量监控实现的,借助于自动不间断工作的盐度计对供应水的总盐度进行测量,盐度计安装在供水管线上。人们还通过对供应水和锅炉水的取样及化学分析实现了周期性的监测。

供应水和锅炉水的正常指标见表 3-2。

表 3-2　供应水和锅炉水的正常指标

指标名称	水的炉前处理	水的锅炉内处理
氯离子含量/(mg/L)(不超过)	200	500
总硬度/(毫克当量/L)(不超过)	200	—
NaOH 的碱值/(mg/L)(不超过)	4	100
磷酸浓度/(mg/L)(取值范围)	—	30~70
硝酸浓度/(mg/L)(取值范围)	—	35~50

对于水的炉前处理是通过使供应水流过型号为 ФН0. 6-2. 5 的钠离子过滤器来实现的,它能够使水“软化”,也就是将能够生成水垢的硬盐类转化成容易溶解的钠盐,从而在很大程度上去除冷凝供水系统所带来的腐蚀产物。这些过滤器安装在供水泵的压力管线上。对于供应水的取样和化学分析是为了确定氯离子的含量,这个过程与正在进行的供水循环无关,在锅炉工作超过 150 h 后进行。

对于锅炉水的取样和化学分析应该不少于每昼夜一次。在周期取样之外的锅炉水取样和化学分析是在盐度计的测量结果证明供应水的质量变差的情况下进行的,目的是防止“锅炉的盐渍化”。对于锅炉内水的处理使用了磷酸盐和硝酸盐工作模式,向锅炉引入化学添加剂:

·工业磷酸钠,它能够防止在锅炉加热的内表面生成水垢,并将硬盐类转变成沉渣,然后通过底部吹洗将它从锅炉里排出;

·工业硝酸钠,它能够保障对锅炉内表面金属的防护,使它们免于强碱性水的腐蚀。

氯离子的含量和水的碱性值通过对锅炉进行周期性吹洗来保持,而磷酸盐和硝酸盐的含量则通过向锅炉内定量注入磷酸盐与硝酸盐溶液保持。

锅炉上表面的吹洗排污在每次锅炉的启动和停机时进行一次,或者按照锅炉水取样及化学分析的结果不定期地进行,目的是降低锅炉工作期间的盐度或者碱性值。

锅炉底部的吹洗是为了去除沉渣。在每次锅炉启动和停机时，在注入添加剂之前都要进行底部吹洗，以及在锅炉工作时每昼夜进行一次。

要在吹洗系统的分离阀门打开之后，才能缓慢地打开吹洗阀门。

对于锅炉工作的控制是通过位置比例原理实现的。在蒸汽载荷为0~20%时，锅炉内的压力保持在0.55~0.75 MPa，压力保持是通过锅炉燃烧室内燃料燃烧的自动开启和关闭实现的。在蒸汽载荷为20%~100%时，燃料的燃烧是不间断的，燃料和空气的消耗量平滑地改变，蒸汽压力保持在0.7 MPa。

锅炉的启动是自动进行的，锅炉燃烧室的通风过程持续30~40 s。在通风过程结束以后，挡板和燃油分流阀关闭，给点火电极加上高压电流，启动柴油泵并实现燃油的点火。锅炉机组的点火是在喷嘴前端燃油压力为0.7 bar的情况下进行的。锅炉从冷态点火过程中使用从船上管网出来的压力为5 bar的空气作为雾化介质，以代替蒸汽。空气借助于节流装置节流后达到1.5 bar的压力。在锅炉内压力升高的情况下蒸汽被引入到燃料加热器和喷嘴的雾化器，在这种情况下流向燃料雾化器的空气被切断。

在不因为蒸汽的极限压力和锅炉中极限水位而启动保护或者报警装置的情况下，改变锅炉蒸汽载荷的允许时间不少于：从0~20%为2 min；从20%~100%为2 min；从0~100%为2 min；从100%~0为2 min。

锅炉机组在事故下的自动停机（自我保护）是按照下列参数完成的：

- 锅炉中的事故最低水位（−120 mm）；
- 锅炉中的事故最高水位（160 mm）；
- 用于燃烧所必需的空气不足；
- 锅炉中的蒸汽压力到达极限（7.8 bar）；
- 供水缺少（1 bar，基本供水泵不工作）；
- 控制机理中所不包括的火苗消失（火苗的熄灭或者中断）；
- 雾化介质的最低压力（1 bar）；
- 燃油的最高黏度（14.5 mm^2/s）；
- 电力供应的消失。

3.6 低压蒸汽发生器

低压蒸汽发生器旨在生产低压的二次蒸汽，压力为(5±0.5) bar，饱和温度为150 ℃。蒸汽主要用于生活需要(目的是排除生活用蒸汽被二回路蒸汽放射性污染的可能性)。

蒸汽发生器装置是一个成套机组，由下列部件构成：蒸汽发生器，供应水加热器 ППВ-18，供应水过滤器 ФПВ-50，自动调节系统、报警系统和事故防护系统元件，监控测量仪器，管道和其他必要的设备。其热交换表面积为 50 m^2；有 2 个散热器，管道直径为 0.018 m/0.015 m，管道数量为 84，通道数量为 4，质量为 436 kg；有供应水加热器，供应水的温度为 45 ℃(在入口处)、130 ℃(在出口处)，供应水的压力为 1 MPa；有过滤器，为双层网状过滤盘型(过滤的精细度为 150 μm)；工作水自动供给(向水位调节器和二次蒸汽压力调节器)，流量为 1 200 kg/h，温度为 50 ℃，压力为 0.8~1 MPa，排出压力为 0.05~0.25 MPa；有电动液压操纵器，供给压力为 3.0~6.4 MPa，排出压力为大气压。

加热蒸汽的流量为 5.5 t/h(为整个蒸汽发生器额定流量的 2.2%)。加热蒸汽的冷凝液具有大约 120 ℃的温度，它被直接排放到除氧器中。

声光报警系统，以及对低压蒸汽发生器工作的监控系统是由操作面板和中央操作台自动控制的。

低压蒸汽发生器二次蒸汽压力的自动调节保障了低压蒸汽发生器所生产的二次蒸汽产量与使用单元所得到的蒸汽产量相同。自动调节是通过二次蒸汽压力自动调节装置、蒸汽压力调节器实现的，它安装在向低压蒸汽发生器的散热器中引入蒸汽的管道里。在载荷改变时，二次蒸汽的压力也改变了，并且调节装置会改变提供给低压蒸汽发生器散热器的加热蒸汽的产量。

在低压蒸汽发生器里面水位自动调节是通过液位调节器实现的，它的调节阀门安装在供水泵的压力管道内。当低压蒸汽发生器的蒸汽产量改变时，调节气的调节阀门会改变提供给低压蒸汽发生器的供应水流量，与从低压蒸汽发生器引出的二次蒸汽产量相符。水位调节器的测量装置接收从平衡管道、低压蒸汽发生器水位测量探测器传来的恒定脉冲。平衡管道安装在低压蒸汽发生器壳体内。

在保护系统启动的情况下，低压蒸汽发生器自动关闭。保护系统在下列条件下启动：

· 低压蒸汽发生器散热器中的加热蒸汽压力高于按照传感器信号所允许的

值,传感器为压力调节器的压力继电器;

· 低压蒸汽发生器壳体内的二次蒸汽压力高于传感器信号所允许的值,传感器为压力调节器的压力继电器;

· 根据水位测量信号,低压蒸汽发生器壳体内水位的升高或者降低达到极限值;

· 电力配电板自动切断电力供应(127 V);

· 按下了在自动控制面板或者远程操作台上的“停止”按钮。

低压蒸汽发生器(图 3-14)由外壳、带有顶盖的散热器,以及分离器构成。

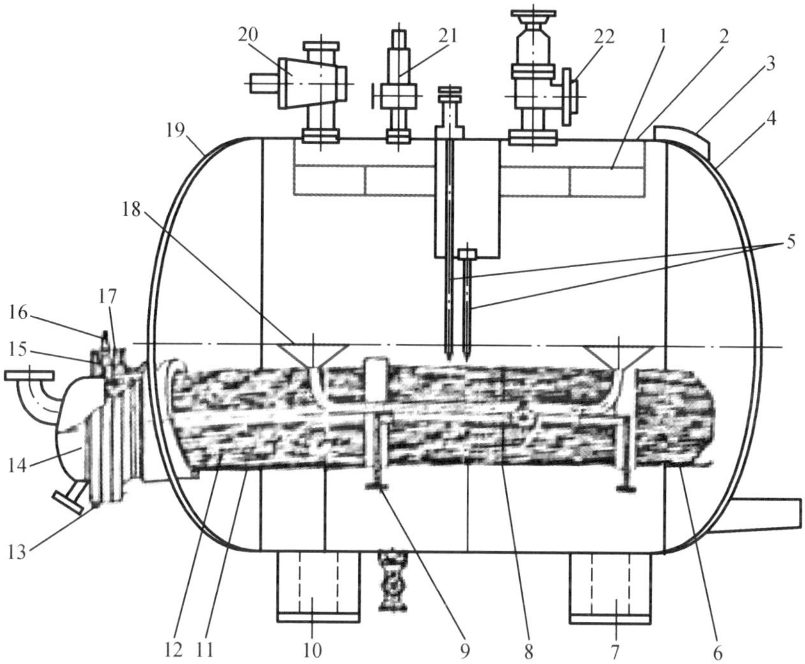

(a) 纵向剖面

1—百叶式分离器;2—隔热层;3,4—后部底座;5—平衡管道;6—导流板;7—可移动支撑脚;8—隔板;9—散热器的支架;10—硬支脚;11—导流板;12—散热器;13—下降栓塞;14—散热器顶盖;15—管道格栅;16—吊环螺栓;17—支管;18—上部吹洗喇叭口;19—前部底座;20—安全阀;21—主脉冲阀门;22—用于注入供给水和引出二次蒸汽的不可逆截止阀门;23—上部吹洗阀门;24—下部吹洗阀门。

图 3-14　低压蒸汽发生器

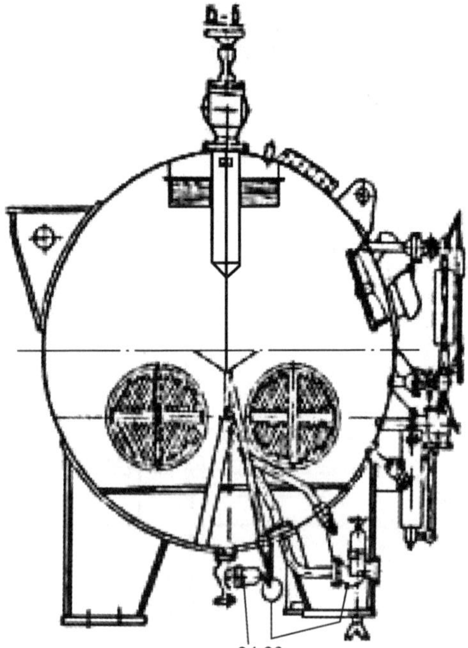

(b) 横向剖面

图 3-14(续)

低压蒸汽发生器的外壳由锅炉钢板材制作。它是水平方向为圆柱形的容器,由焊接的圆筒和椭圆形底座构成,前后各 1 个底座,还有 4 个用于将低压蒸汽发生器固定在船的基座上的支撑脚,其中有 2 个支撑脚被紧密固定(硬支脚),而另外 2 个支撑脚可移动。在其前端底部焊接有 2 个支管,用来固定散热器。每一个散热器都由管道格栅、合金 MHЖ 5-1 制成的 U 形集束管(集束管的末端被焊接到管道格栅上,并且层叠放置)、隔板和焊接的导流板构成,导流板之间连接着管道格栅与隔板。在蒸汽发生器的上部安装有 6 组百叶式分离器,用来烘干二次蒸汽。

蒸汽发生装置将循环返回的二次蒸汽冷凝液作为低压蒸汽发生器的供给水,它被收集在储存罐里,从那里通过电动给水泵经过过滤器的一个套管、水位调节器阀、供给水加热器以及不可逆的压力阀门被传送到低压蒸汽发生器里面。为了供水泵能稳定地工作,人们设计了通往冷凝液储存罐的带有截流垫圈的再循环管道。在加热器中供给水通过加热蒸汽被加热到 130 ℃,加热蒸汽是从低压蒸汽发生器散热器引入的,并且流过加热器的管道内部。

加热蒸汽是通过带有液压伺服电机的压力截止阀门和二次蒸汽压力调节装置阀门被传送到散热器中的。低压蒸汽发生器散热器的加热蒸汽冷凝液通过冷凝液排出口及供给水加热器被引出除氧器。

在低压蒸汽发生器的外壳上安装了下列仪器和装置：

· 安全阀；

· 主脉冲阀门；

· 用于注入供给水和引出二次蒸汽的不可逆截止阀门；

· 2 台水位指示器；

· 上部吹洗阀门和下部吹洗阀门；

· 空气排出阀门；

· 2 个脉冲阀门（K1、K2）；

· 用于向压力计注入蒸汽的阀门（K3）以及供给水的取样阀门（K18）；

· 监控测量仪器操作面板、传感器-压力继电器、取样水的冷却器。

低压蒸汽发生器的外表面覆盖着由蛭石型材制作的隔热层。

保护报警信号的极限值包括：

· 在低压蒸汽发生器散热器中加热蒸汽压力高于 9.5 bar（在自动控制面板上会有"加热蒸汽压力高于允许值"字样的发光信号）；

· 二次蒸汽压力高于 6 bar（在自动控制面板上会有"二次蒸汽压力高于允许值"字样的发光信号）；

· 在低压蒸汽发生器内部水位升高或者降低（设定上限液位为 1 050 mm、下限液位为 500 mm 的液位测量仪会发出信号），在自动控制面板上会有"液位的上限/下限"字样的发光信号。

根据这些低压蒸汽发生器保护系统报警信号，实现加热蒸汽的速关阀关闭和供水泵停机（低压蒸汽发生器也同时停机）。形成汇总的信号显示"低压蒸汽发生器故障"，这个信号会传送到"达马吉克"系统用于故障信息的发送。在蒸汽压力低于 5 bar 时，在自动控制面板上会出现预警信号"加热蒸汽压力在散热器中低于允许值"；在供水泵的增压低于 2 bar 时，在自动控制面板上会出现预警信号"供应水压低于允许值"。

3.7　海水淡化装置

型号为 M3C 的海水淡化装置（图 3-15）为三级、真空型的，淡化水能力为 60 t/昼夜，主要作用是生产高纯度的淡水，满足技术装置的需求（需要充满核动力装置的所有回路）以及生活需求（质量要求更低一些）。

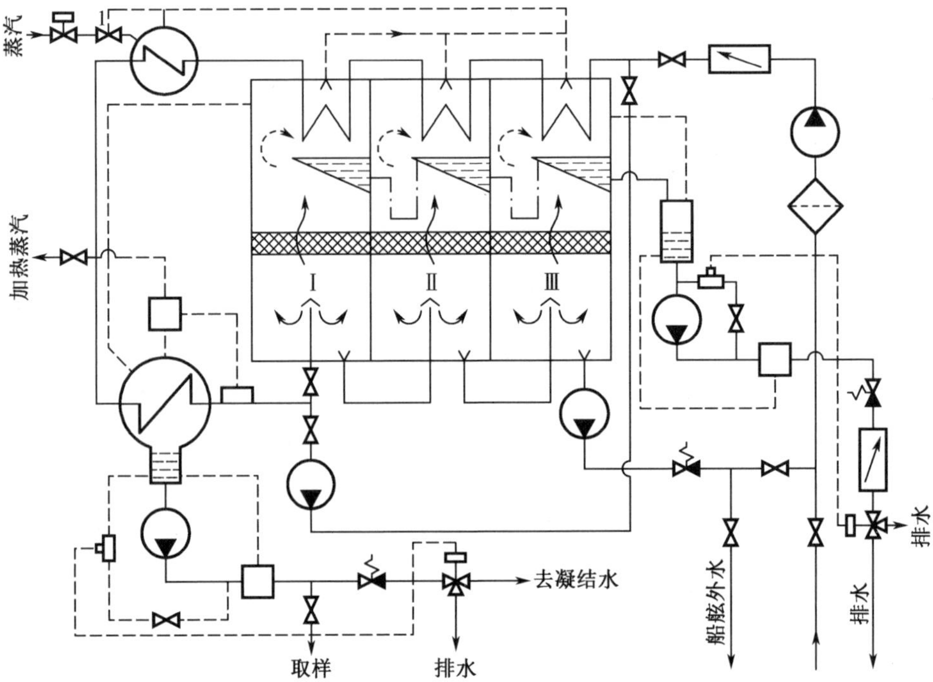

图 3-15　三级海水淡化装置

海水淡化装置的基本参数如下。

· 抽气器的加热蒸汽流量为 100 kg/h；

· 加热器的加热蒸汽参数：压力为 2 bar，温度为 250 ℃；

· 在出口处蒸馏液的温度为 50 ℃；

· 在蒸馏液中亚氯酸盐的含量：在过滤器之前不超过 0.3 mg/L，经过过滤器之后不超过 0.05 mg/L。

在加压压力低于 0.2 bar 的情况下，蒸馏液泵关闭时间延时 2.5 s。

海水淡化装置的控制面板上的指示信号为光信号，并且伴随着语音：

· “装置正在工作”，在蒸馏液泵的加压压力大于 0.8 bar 的情况下；

· “蒸馏液泵的加压压力低于额定值”，在压力低于 0.2 bar 的情况下；

· “自动装置的水压低于额定值”，在压力低于 5 bar 的情况下；

· “盐水水位高于允许值”，来自第三级的水位报警器信号；

· “供应水温度低于允许值”，在温度低于 70 ℃的情况下；

· “供应水温度高于允许值”，在温度高于 85 ℃的情况下；

· “加热蒸汽冷凝液的盐度高于允许值”，在盐度大于 5 mg/L 的情况下；

·“蒸馏液的盐度高于允许值”,在盐度大于 2 mg/L 的情况下。

海水淡化装置是安装在一个单独框架内的机组,它的组成部分包括能够保障装置可靠工作的设备,这些设备是与安装在机组之外的其他设备协同工作的。

海水淡水装置包括以下设备:

·每一级都安装有冲洗设备和可取出的冷凝器的三级蒸发器;

·供应水的加热器;

·带有冷凝器的蒸汽流抽气器;

·框架;

·带有电力传动功能的离心泵;

·型号为 НЦВ63/30 Б ОМ5 的循环供水泵;

·型号为 ЭЦН 80 ДТ М5 的盐水泵(安装在机组之外),蒸馏液泵;

·型号为 ЭЦН 25 У/П 的化学净化泵;

·船舷外水过滤器;

·监控测量仪器控制系统的成套元件、设备和管道;

·单独安装的设备:控制面板、仪器操作面板和离子交换器。

海水淡化装置的工作原理是基于在三级蒸发器里将船舷外水(海水)进行部分蒸发,水被加热到高于饱和温度之后被注入每一级蒸发器中,饱和温度对应于每一级中的压力,由此形成了二次蒸汽,然后经过冷凝产生蒸馏水。供应水(海水)是通过船舷外水过滤器提取的,过滤器安装在水泵的接收管道里。供应水经过流量计、带有伺服电动机的截止阀门通过循环供水泵被运送到蒸发器第三级的冷凝器中。

供应水被按顺序地压送通过三级的冷凝器,在那里依靠二次蒸汽冷凝的热量被加热到大约 58 ℃。然后水经过蒸汽流抽气器的冷凝器和加热器,依靠蒸汽、抽气器的蒸汽空气混合物和加热蒸汽冷凝的热量被加热到 75 ℃。在加热之后,供应水通过阀门、分流收集器和分流装置到达蒸发器的第一级。

在蒸发器的第一级具有了比当前一级饱和温度更高温度的水,部分水蒸发掉后,此时留在第一级中没有蒸发的水的盐度就会增加。没有蒸发的部分供应水有与第一级压力下的饱和温度相等的温度。在不同级之间压力差的作用下,供应水经过过渡管道到达蒸发器的第二级(具有比第一级更高的真空度,并且相应地具有更低的饱和温度),在这里同样有部分的水被蒸发。

在蒸发器的第三级发生的现象与第一级相仿。在第三级中没有被蒸发的供应水(盐水)的温度为 45~49 ℃,符合第三级的饱和温度。供应水使用盐水泵经过闸门和不可逆截止阀门被抽送出船舷之外。部分供应水经过带有手动调节的不可逆截止阀门的连接管被引到供水泵的接收管线,用于维持供应水在蒸发器第三级冷凝器入口处的恒定温度(28 ℃)。所获得的二次蒸汽在每一级中经过清洗装置、百叶式分离器到达冷凝器冷凝。

在每一级中形成的蒸馏液依靠级间的压力差流到第三级，然后到达蒸馏液收集器，从那里蒸馏液被蒸馏液泵抽送，再经过保障水泵压力恒定增压的弹簧阀门、液位调节器、流量计，将正常盐含量的蒸馏液引入船上的储存罐，而盐度高的蒸馏液则排出船外。在必须得到更高纯度蒸馏液的情况下，它还要经过离子交换器进行再净化。通过安装在机组之外的压力蒸馏液管道、阀门和机械过滤器部分的蒸馏液（特性生产率的 10%）被引到蒸发器每一级的清洗装置，进行二次清洗。在加热蒸汽管道内具有吹洗阀门和加湿装置（蒸汽冷却器），能够保障将加热蒸汽温度降低到 110~120 ℃。蒸汽温度被加热器入口前的双金属温度计所监测。安装冷却器（温度低于 80 ℃）的目的是监测加热蒸汽冷凝液的盐含量。在蒸发器内的真空是借助于两级蒸汽流抽气器创建并保持的。工作蒸汽通过阀门经船上的管线被输送到抽气器中。第一级抽气器从蒸发器的第一级和第三级冷凝器的上部将蒸汽空气混合物抽吸出去，而蒸汽空气混合物经蒸发器的第二级冷凝器被重新注入第三级冷凝器中。蒸汽空气混合物通过管道到达第一级抽气器，在那里被压缩至 0.4 bar 的压力，并输送到第一级冷凝器中。第二级抽气器从第一级冷凝器中将没有冷凝的蒸汽空气混合物抽吸出来，压缩至大气压力，输送到第二级冷凝器中。

控制系统能够保障以下功能：

· 预备好装置的手动启动功能；

· 自动维持额定生产率；

· 在防护系统启动时自动关闭海水淡化装置；

· 装置的关机操作；

· 在盐度增加时自动将蒸馏液反向排放到蒸发器中；

· 在抽水压力下降并低于额定值情况下自动切断蒸馏液泵；

· 对各种参数的监控以及关于装置工作状态的信号预警。

装置额定生产率的自动维持是通过水温调节器实现的，也就是在（75±2）℃的范围内调节供应水在加热器出口处的温度。当被调节的温度与供应水温度调节器所设定的温度有偏差时，会改变加热蒸汽的流量。加热蒸汽是通过调节器阀门输送到加热器中的。供应水在蒸发器第三级冷凝器入口处的温度大约为 28 ℃（恒定值），这是由手动移注阀门实现的。

防护系统的启动以及装置的自动关闭是在以下条件下发生的：

· 在蒸发器第三级冷凝器中，盐水水位升高且高于允许值（按照水位报警信号器 ДСУ-1К-ПВ4 的信号）；

· 根据压力继电器 РД2 的信号，工作水压力降低且低于额定值；

· 根据盐度计 СКМ05 的信号，冷凝液的盐度升高（高于 2 mg/L）；

· 控制面板的供电被切断并且核反应堆事故防护系统启动。

在水泵压力减小到低于 0.2 bar 时，蒸馏液水泵会在延迟 2.5 s 之后关闭，同时在控制面板上会开启光报警信号，此时海水淡化装置不会停机。

在蒸馏液的盐度升高到 4 mg/L 时，关闭向盐度计的供电，但转向阀门仍处于“排放”的状态。

根据防护系统的报警信号完成对海水淡化装置的自动关闭，包括：

· 蒸馏液泵、供水泵和盐水泵停机；

· 加热蒸汽通向加热器的阀门关闭；

· 工作蒸汽通往抽气器的阀门关闭；

· 供应水通往海水淡化装置第三级冷凝器的阀门关闭；

· 加热蒸汽冷凝液被切换到“排放”操作；

· 向“达马吉克”系统发出“故障”的综合信号。

3.8　辅助汽轮发电机的涡轮

型号为 OK-3C 的辅助涡轮，功率为 2 000 kW，转速为 3 000 r/min，在速关阀前端的蒸汽压力为 30 bar，蒸汽消耗量为 14 t/h。辅助汽轮发电机的涡轮为冲动式涡轮，具有 1 个调节级和 10 个低压级。涡轮具有 2 个抽气器：在抽气器前端蒸汽压力为 16 bar，每一个涡轮的蒸汽消耗量为 0.18 t/h。其由单独的调节器维持用于密封的蒸汽压力。通过电动传动阀门将蒸汽输送到涡轮的密封处和抽气器，而电动传动阀门会在冷凝器内压力大于 0.6 bar 时自动关闭。部分冷凝液完成了对抽气器的加压，之后排放到自己的冷凝器中。

3.9　蒸汽轮机的辅助电力设备

主汽轮发电机的中央冷却水水泵（离心水泵，抽水能力为 200 m^3/h，压力为 1.8 bar，功率为 17.5 kW，4 台），具有在工作水泵的压力差减小到 0.7 bar 的情况下，以 5 s 的延迟时间自动启动备用水泵的功能。

推进电机中央冷却水水泵及主推力轴承和主轴传动支承轴承的油泵（“JMW”离心型的，流量为 100 m^3/h，压力为 2 bar，功率为 11 kW，6 台），具有在工作泵压力差减小到低于 1~1.2 bar 的情况下，以 5 s 的延迟时间自动启动备用泵的功能。

变频器的中央冷却水水泵(2台),具有在压力差减小到低于0.9 bar的情况下,以5 s的延迟时间自动启动备用水泵的功能。

蒸发冷凝器的中央冷却水水泵(2台)、汽轮给水泵的润滑油冷却器水泵(2台),以及操舵机的油泵(2台),具有在工作泵的压力差减小到低于1.5 bar的情况下,以5 s的延迟时间自动启动备用水泵的功能。

船首鳍抽淡水循环泵(6台)。

船首鳍抽船舷外水事故应急系统水泵(3台)。

推进电机轴承、主轴传动的支承轴承和止推轴承的润滑油泵(螺杆泵,型号为imo,流量为35 m^3/h,压力为4 bar,功率为10 kW,6台)。

所有水泵都具有在“达马吉克”系统上的事故信息通信功能。

抽气机(真空压缩机或者低压压缩机)用于建立真空,抽出空气、气体、空气和气体或者蒸汽的混合物。在破冰船上,它的作用是在主冷凝器不工作的条件下,从辅助机械机构密封段抽出蒸汽空气混合物。型号为4×9R的离心式抽气机由功率为7.5 kW的电动机传动,电动机通过皮带传动驱动三级离心压缩机主轴,用于压力的降低。抽气机能够保障在温度达到85 ℃的情况下,将压力降低到0.4 bar,抽气能力为2.5 m^3/min,转速提升到工作转速的时间为22~30 s。

从辅助涡轮机械机构所抽出来的蒸汽空气混合物,在抽气机入口前预先通过抽气机的冷却器。冷却器是由中央冷却水进行冷却的。抽气机的自动启动是根据在主冷凝器中的压力大于0.5 bar的情况下,“2台主冷凝器不工作”的信号完成的;在引入蒸汽空气混合物的阀门关闭之后,抽气机会以10 min的延时自动停机,延时的目的是去除抽气机中的水分。

辅助柴油发电机的注入空气压缩机具有在压力降低到21.5 bar的情况下自动启动的功能,以及在空气压力达到26.5 bar时自动停机的功能。在必要的情况下,会经过30 s自动启动第二台压缩机。保护系统报警信号是根据下列参数发出的:润滑油压力降低到1.5 bar以下,在压缩机出口处空气的温度高于90 ℃。

压力为7 bar的气动自动装置的空气压缩机,装备有在压力低于5.5 bar条件下自动启动系统,以及在压力高于7 bar的条件下自动停机系统。压缩机的防护系统是根据下列参数启动的:润滑油压力降低到1.5 bar,空气在压缩机出口处的温度高于90 ℃。

压力为7 bar的工作空气压缩机具有自动启动和停机功能,以及根据相应参数运行的防护系统。

在所有空气压缩机的短时间工作模式下,自动化设备都具有压缩空气压力继电器,它安装在空气钢瓶(压力计式的开关)里,能够给出空气压缩机的启动或停机信号,用于保持在系统内的空气压力处于所设定的压力差区间。如果在系统里有 2 台压缩机,则启动主压缩机。主压缩机的选择是用在本地控制面板上的手动切换开关实现的。

在主压缩机根据保护报警信号停机的情况下,或者在给定的监控时间内由于空气流量很大,空气压力没有高于启动主压缩机的设定值的情况下,第二台压缩机会自动启动。

根据保护系统的 3 种报警信号,压缩机会自动停机:

· 油压的降低(从油压继电器发出“油压检测不到”的信号);

· 在压缩机后面空气温度的升高(从温度计式开关发出“空气温度过高”的信号);

· 电动机过载(从热继电器发出的信号)。

根据保护系统的信号在每一台压缩机的本地控制面板上点亮报警灯组中的红色信号灯,并且将事故信息(“压缩机故障”)通过“达马吉克”系统发送到相应的中央控制台。

主冷凝器的汽轮循环水泵(船舷外水的抽水能力为 5 000 m^3/h,压力为 1.8 bar,功率为 1.5 kW,3 台)。

型号为 JMW 的中央冷却器的制冷用船舷外水水泵(离心式的,两速的:第一速度的抽水能力为 400 m^3/h,压力为 1.8 bar,功率为 37 kW;第二速度的抽水能力为 200 m^3/h,压力为 0.45 bar,功率为 5 kW,2 台);单速船舷外水水泵(抽水能力为 400 m^3/h,2 台)。

型号为 JMW 的启动冷凝器的冷却水水泵(离心式的,抽水能力为 600 m^3/h,压力为 1.2 bar,功率为 35 kW,2 台)。

启动冷凝器的船舷外水备用水泵(离心自吸型,型号为 JMW,抽水能力为 250 m^3/h,压力为 0.8 bar,功率为 15 kW,1 台)。

主汽轮发电机的润滑油冷却器(片状的,型号为 A15 BFM,“阿尔法-拉瓦尔”公司的,功率为 695 kW,2 台)。

带有涡轮传动装置的供水泵(离心型的,抽水能力为 220 m^3/h,3 台),备用给水泵(离心型的,抽水能力为 20 m^3/h,压力为 40 bar,功率为 49 kW,2 台),在核反应堆事故防护系统启动情况下,它能在 1 min 之内启动。

主冷凝液泵(离心型的,流量为 180 m^3/h,压力为 10.2 bar,功率为 140 kW,4 台)。

补水泵(离心型的,补水能力为 16 m^3/h,压力为 11 bar,功率为 17.3 kW,2 台)(一回路水泵),具有在备选水泵之前自动启动的功能,启动的条件是在平衡罐内水位降低到 1.2 m;并在平衡罐补水位到最高水位 1.57 m 的情况下自动停机的功能。在工作水泵的供水出现故障时,以及在水泵的压力收集器中压力降低到 4 bar 以下时,备用水泵会以 5 s 的延迟自动启动。

启动冷凝器的冷凝液泵（离心型的，流量为 36 m^3/h，压力为 11 bar，功率为 28 kW，2 台）。

自动化装置的工作水水泵（离心式的，抽水能力为 19 m^3/h，压力为 11 bar，功率为 14 kW，3 台）。

“阿尔法-拉瓦尔”公司的片状型的中央制冷机（型号为 A20 BFM，功率为 3 200 kW，2 台）。

主冷凝器的喷射蒸汽冷凝器（套管型的，功率为 31 kW，2 台）。

从除氧器排出的蒸汽冷凝器（套管型的，功率为 19 kW，2 台）。

辅助汽轮发电机的喷射蒸汽冷凝器（套管型的，功率为 19 kW，2 台）。

从启动冷凝器排出空气的制冷器（套管型的，功率为 0. 15 kW，1 台）。

核动力电力装置二回路的采样制冷器（功率为 70 kW，2 台）。

辅助柴油发电机的注入空气钢瓶（容积为 600 L，压力为 30 bar，3 个）。

高压中央制冷机（片状的，型号为 A20 BFM，功率为 1 898 kW，3 台）。

高压冷却系统水加热器（电动的，功率为 18 kW，3 台）。

柴油燃油分离器（自动的，自我清洗的，型号为 SL-3，分离能力为 500 L/h，功率为 4 kW，2 台）。

推进电机、主汽轮发电机、辅助柴油发电机和止推阀门的润滑油分离器（型号为 SL-3，分离能力为 900 L/h，功率为 4 kW）（各 3 台）。

型号为 Iron 的烘干泵（活塞式的，工作能力为 150 m^3/h，压力为 2 bar，功率为 22 kW，2 台）。

压载泵（离心式的，型号为 НЦВ 160/20А-Ⅰ-Ⅱ，抽水能力为 150 m^3/h，压力为 2 bar，功率为 12 kW，3 台）。

火灾应急水泵（离心式的，抽水能力为 250 m^3/h，压力为 14 bar，功率为 175 kW，2 台）。

泡沫状液体泵（离心式的，流量为 15 m^3/h，压力为 15 bar，功率为 13 kW，1 台）。

滚转泵（叶片式的，流量为 6 500 m^3/h，压力为 0. 5 bar，功率为 195 kW，3 台）。

纵倾平衡泵（叶片式的，流量为 6 500 m^3/h，压力为 0. 5 bar，功率为 195 kW，1 台）。

外壳气动冲洗系统的压缩机（电动传动的，功率为 500 kW，2 台）。

自动化装置的做功水泵（1 台），在自动化装置做功水泵水样采样罐内水位降低时自动启动，并根据水样采样罐中的上限水位信号自动停机。在自动化装置的 3 个工作水泵都关闭的条件下，它会以 10 s 的延迟自动停机，并且“达马吉克”系统操作键盘会执行它的再启动屏蔽。

3.10 全船通用系统和设备

船上通用装置包括下列系统。

· 生活用蒸汽系统,用于取暖、蒸汽灭火、空调加湿、水箱的吹洗、油罐的加热(蒸汽压力为4~5 bar)。

· 消防灭火系统,为环形的,包括2个抽水能力为100 m^3/h 的、水压为8 bar的消防水泵。为了满足船上的需要,消防灭火系统还包括抽水能力为40 m^3/h 的水泵,以及水的加热器(加热到60 ℃)。从消防灭火系统出来通向中央电力舱段有3条分支,流量分别为80 m^3/h、40 m^3/h 和30 m^3/h。消防喷水口在开放的甲板上不会被冻住,因为在关闭消防水泵之后对它们进行了烘干处理。

· 高压二氧化碳消防系统(气瓶的总数量为98个,每个容积为67.5 L,气瓶的保护膜抗压能力为190 bar),主要用于在封闭空间内灭火,系统安装在舰桥的第二甲板上,覆盖了船上的23块场地。除此之外,它还具有本地的自动化系统ГАЛОН1301,服务于直升机机库,因为直升机机库具有很高的火灾风险。

· 消防水系统和泡沫灭火系统的水泡沫喷射器(2台),能够产生使水喷射约70 m的喷射压力,以及使泡沫喷射60 m的喷射压力,并包括2台抽水能力为250 m^3/h 和压力为14 bar的水泵,2台用于泡沫状液体、工作能力为15 m^3/h、压力为15 bar的水泵,还有放置在机械加工场地的液体泡沫储存罐。

消防设备仓库里存放有3套隔热消防服、3台用于压缩空气的呼吸器、2个消防斧、2把刀、1把带有备用锯片的电锯、1把剪金属的剪子、1套消防组合工具、2个消防照明灯、1个带有3 m长杆子的消防钩杆。

· 通风系统,能够在下列地方保障空气流通:舱室、医务室、食堂、广播室、操舵室、雷达室、图书馆、熨衣间以及其他地方。通风系统是按照"双通道型"来设计的,在每一间舱室都铺设了两条管道,在其中一条管道内通入预先被加热的空气(温度大约为15 ℃),而在另一条管道内通入热空气(温度为30 ℃),这样可以保障温度可调节范围为15~30 ℃。从舱室出来的部分空气输送到走廊,部分空气输送到浴室,而在浴室内有排气风扇。在厨房、洗衣房、健身房、电影院内只具有单通道系统。通风系统的空气是经过方形空气管道传输的(20 ℃),保障了在舱外空气温度为-50 ℃情况下操舵室(60 ℃)的通风散热,在场地内的温度为20 ℃。

· 压载系统,适用于在正常航行条件下调节船舶的吃水深度、倾斜度和吃水差,包含8个压舱水箱及压舱水泵(自吸离心式的),供水能力为150 m^3/h,压力为2 bar,具有远程控制阀门。

·淡水系统用于保障船上所需要的生活用水。

·污水排放系统用于净化和排出生活废水并由以下两部分构成：

①自由排放的排污系统；

②真空排污系统(用于上下水和小便池)(水流抽气器将废水从真空腔转移到粪便水收集罐)。

排水和污水系统包括：

①2 台活塞式排水泵(排水能力为 150 m^3/h,压力为 2 bar)和流量为 120 m^3/h 的喷射泵(扬程为 8 m,抽吸高度为 3 m),工作液体为从消防系统来的水；

②阀门具有气动传动的远程控制功能,在上部装有信号报警器的舱底污水沟；

③污水管道；

④污水泵(螺杆型水泵,抽水能力为 19 m^3/h,压力为 3 bar,功率为 4 kW)；

⑤泥浆泵(泵送能力为 19 m^3/h,压力为 2 bar)；

⑥污水分离器(分离能力为 5 m^3/h,供电功率为 0.1 kW)；

⑦石油产物探测器——型号为 SERER 的信号报警器。

污水井由污水泵自动排水。

污水罐可以作为预沉淀罐,沉淀物从水罐的上部下降到泥浆罐中。

·滚转和纵倾系统主要用于在厚冰层中的航行。在冰层中阻塞的情况下,它能够保障破冰船的倾斜角度和纵倾姿态。系统包括 2 对总容积为 1 700 m^3 的侧倾角调节水箱和总容积为 1 600 m^3 的纵倾角调节水箱。侧倾角调节水泵：供水能力为 6 500 m^3/h,压力为 0.5 bar,功率为 195 kW,是叶片型可逆向供水的水泵,泵水流向的改变是通过叶片的转向实现的。船头的侧倾角调节水泵同时也作为船头的纵倾角调节水泵来使用,而在船舷上还具有单独的纵倾角调节水泵。侧倾角调节水泵可以在 4 min 之内改变船舶从一侧船舷到另一侧船舷的角度为 ±12°,纵倾角调节水泵能够在 8~9 min 改变纵倾角不超过 1.6°。侧倾角调节水箱不仅可以通过侧倾角调节水泵,也可以通过压载水泵进行排水或者充水。水泵的控制是由中央控制台或者操舵室进行的。

·暖气系统是用于生活、公共以及工作区域的取暖,它装备有中央空调热空气的鼓风系统。机房的蒸汽加热器、生活区的水暖系统循环水以及热液都是由蒸汽进行加热的。热液系统分为 2 个独立的系统：第一个系统用于加热生活区和工作区空调系统的空气,第二个系统用于加热机房通风设备加热器内的空气。

每一个系统都包括循环泵(2 个)、蒸汽热交换器和膨胀水箱。热液的加热器是由低压蒸汽发生器或者蒸汽锅炉产生的低压蒸汽进行加热的。除此之外,将船舷外部与内部分隔的舱室和工作区域还安装有水暖散热器；机房和仓库还安装有具备过热防护装置的电加热器。

第4章

蒸汽动力系统工况及其操纵系统和设备

4.1 主汽轮自动控制系统

主汽轮自动控制系统完成在各种工作状态下控制、调节和保护汽轮的功能,以及调节速关阀前端的蒸汽压力。

主汽轮自动控制系统的作用可以归结为以下几点:

· 调节汽轮的转速和主蒸汽管道内的蒸汽压力;

· 按照程序自动启动或关闭汽轮、加热和冷却汽轮及其相关设备,以及控制汽轮的主轴转动装置;

· 监控各个参数并向信号报警系统及防护系统发出预警和事故信号;

· 汽轮的保护,以及在极端的工作状态下用于关闭汽轮的信号系统;

· 振动的测量,以及汽轮和发电机轴承的监控;

· 在所有的过渡工作模式下,借助于控制泄放阀门保持船舷一侧的主蒸汽管道内压力为(30.7±0.5)bar,并且在关闭大量蒸汽的消耗单元之后0.5 s保证压力波动不超过1.5 bar;

· 生成推进电机允许功率的控制信号,使它的功率与主汽轮发电机和主冷凝器的蒸汽载荷相适应。

涡轮的自动控制系统包括:

· 带有伺服电机的调节阀门、泄放阀门和速关阀,电磁阀门,离散信号传感器,状态信号传感器;

· 用于调节阀门、泄放阀门和速关阀的传动油液压供给站;

· 自动装置的电子设备部分;

· 温度、压力、震动和状态的传感器与信号发生器,安装在涡轮装置、涡轮管道、阀门和动力油供应站内部(部分的模拟信号是从“达马吉克”系统传送到自动控制系统的);

·电子控制柜和传感器的±24 V 电力保障系统。

汽轮机的调节阀门用于调节通过汽轮机的蒸汽流量,并同时调节汽轮机的功率。它可以实现汽轮机的启动和停止,并且负载从空转状态到最大状态都能保持汽轮机的转速为 3 000 ~ 3 060 r/min。调节阀门的外壳与速关阀焊接成一体。

调节阀门的加热程序如下:

·如果调节阀门的表面温度低于 120 ℃,则调节阀门应该被加热,这时发出预警信号“调节阀门加热”并启动等待 40 min 程序;

·如果调节阀门的温度高于 120 ℃,则在汽轮机启动面板上开启信号预警信号“调节阀门过热”。

泄放阀门能够保持在阀门组前端蒸汽的压力为(30.7±0.5)bar,能够将新蒸汽直接排放到冷凝器中。泄放阀门具有单独的设计结构。阀门的通过能力为 140 t/h 的新蒸汽,蒸汽温度为 300 ℃,压力为 30 bar。它应该在 2 个运行中的冷凝器的 1 个冷凝器停机的情况下,在功率为 100%时允许通过所有的多余蒸汽。在空转模式下汽轮机喷嘴前端的蒸汽压力约为 1 bar,蒸汽流量为 5 t/h。

调节阀门和泄放阀门的直径等于 248 mm,阀门的通道长度为 100 mm,它们的气流通过部分具有相同的结构。由于阀门的重置需要很大的力量和很快的速度,因此阀门具有液压传动装置,而阀门的控制是由电磁伺服阀门完成的。

阀门是不能去载的,因此在关闭的阀门上所承受的力大约为 15 t,这个力是由传动油 150 bar(约 20 t)的压差所产生的,伺服电机的时间为 2 s,伺服电机活塞的行程为 105 mm,传动油的流量为 328 L/min,活塞的直径为 160 mm。对于调节阀门和泄放阀门,流量的特性是线性的,并且是一样的。在调节阀门和泄放阀门位置改变的情况下,总截面积为常数。调节系统保障了这样的条件:通过调节阀门的蒸汽流量(经过汽轮机)与通过泄放阀门(从汽轮机轮旁边经过)的蒸汽流量为常数。

速关阀用于可靠并快速地关闭汽轮机(由于汽轮机和冷凝器的参数结果符合事故标准,或者根据其他系统的报警信号快速切断向汽轮机的蒸汽供应)。速关阀是绝对密闭性的阀门。阀座的直径为 245 mm,阀门的通道长度为 75 mm。阀门关闭的密闭性是由盘型弹簧所施加的力(34 800 N)、传动油在伺服电机活塞上的压力,以及在阀门盘上的蒸汽压力实现的。在阀门的开启状态下,盘型弹簧受到的压力为 72 000 N。在阀芯扳起之后保持速关阀处于开启状态是通过切断向伺服电机的传动油供应实现的。

在伺服电机的压力为 140 bar 的条件下,阀门的伺服电机对于阀门的关闭能够实现 300 000 N 的力,而对于阀门的开启能够实现 200 000 N 的力。伺服电机的关闭时间为 0.2 s,活塞的行程为 85 mm,传动油的流量为 450 L/min,伺服电机活塞的直径为 160 mm。

速关阀的阀芯扳转电磁阀只有在施加扳转力矩时才会通电,这个阀门将伺服电机下腔体与增压机构相连接,将伺服电机上腔体直接与油箱相连接。

带有气动传动装置的闸阀可以将汽轮机连同阀门组一起从新蒸汽系统中切断。闸阀和阀门都具有远程的自动控制功能。它们可以根据主冷凝器的压力升高报警信号自动关闭。除此之外,闸阀还可以在控制系统断电的情况下关闭。为了避免这种情况发生,在闸阀的控制系统出现供电闪断时向它们发出重启命令。这个命令发出的条件是:速关阀前端的蒸汽温度高于设定温度(高于 285 ℃),并且供电中断的时间不超过 50 s。闸阀在单面蒸汽压力的作用下不可能打开,因此它们具有旁路阀门。

使防护装置和速关阀启动的极限参数值:

· 冷凝器内的压力大于 0.5 bar;

· 润滑油的压力小于 0.6 bar;

· 工作油的压力小于 120 bar;

· 汽轮机转速为 3 060 r/min+10%(电磁保护)和 3 060 r/min+14%(击针开关);

· 中央控制台的控制按钮启动事故状态;

· 本地控制台的控制按钮启动事故状态;

· 安全系统给出事故状态信号;

· 主汽轮发电机主轴的第一级驱动油泵在汽轮机转速大于 1 000 r/min 时启动;

· 主汽轮发电机主轴的第二级驱动油泵在汽轮机转速大于 1 000 r/min 时启动;

· 主盘车装置的离合器开启;

· 主盘车装置电动机的顶盖被拿掉;

· 汽轮机的转速小于 35 r/min;

· 速关阀处于手动控制模式或者调节阀门的工作程序被破坏(调节阀门损坏);

· 汽轮机前端的蒸汽压力小于 25.5 bar。

发电机的自动控制装置在下列防护条件下关闭:

· 发电机自动装置在正常工作时接地;

· 各相之间的电流差很大(差动保护);

· 绝缘体的阻抗太低;

· 发电机的自我保护(过载保护、短路保护)。

汽轮机的速度调节器完成下列功能：

·通过改变调节阀门的状态，在任何一种运行模式下调节汽轮发电机转子的转速，启动并提高额定转速；

·在带负载工作模式下的速度调节（负载工作模式有空转模式、主汽轮发电机的静态特性负载工作模式和对于 2 台主汽轮发电机进行对称或者不对称的负载分配的平行工作模式）。

汽轮机的速度是借助于型号为“DIMAG”的数字传感器测量的（3 个，安装在汽轮机的主轴上）。

压力调节器负责调节在汽轮发电机的所有运行模式下的新蒸汽压力，调节方法是改变泄放阀门的状态。它将新蒸汽压力的测量值与所给定的恒定值 30.7 bar 进行对比，它的输出信号与速度调节器的输出信号共同控制泄放阀门状态的改变。

两个调节器的执行元件是：

·调节阀门；

·泄放阀门。

调节系统能够通过调节阀门使进入涡轮的蒸汽流量达到恒定状态，以及通过泄放阀门使越过汽轮机的蒸汽流量达到恒定。蒸汽压力的改变很容易借助于压力调节器实现（比如在快速改变调节阀门状态时，在主汽轮发电机带负载条件下的反推工作模式）。这些阀门的控制是由电动液压传动装置保障的，传动装置是由节流门的电动传动喷嘴和液压分流控制阀构成的。电控制信号在两个同时开启的平行控制线圈里产生感应力，借助于这个感应力可以改变反射板的状态，并借此改变喷嘴的孔径。这种方法会使控制分流阀的两个前端面产生压力差，并使它向最小压力方向产生位移。这个控制分流阀状态的改变会一直持续下去，直到通过返回弹簧的反向作用能够达到力矩的平衡，并且压力差达到零。

调节阀门和泄放阀门活塞的位置是用差动变压器来测量的。差动变压器具有惯性小、能将阀门位置的真实值平滑地转换为模拟电信号的值等优点。

位置调节器从转速调节器或者压力调节器获得自己的设定值。其将这个设定值与阀门位置的测量值进行对比，并根据自己的集成性能生成输出信号，这个信号在转换为相应的电信号之后，保证了对伺服阀门的控制。但是在工作模式被严重打乱（负载被撤销或者速关阀启动）的情况下，阀门的位置来不及足够快地随设定值进行调整，在这种情况下调节速度的切换可以借助于液压系统内的旁路阀门来实现，并且调节阀门以最快的速度调节到最极限的关闭状态，而泄放阀门则调节到开启状态；同时，在达到这些极限位置之后重新进入正常的调节动作中。

调节系统的建立是以“依斯卡马基刻”“依斯卡马基刻-A”“依斯卡马基

刻-B""依斯卡马基刻-C"系统为基础的。汽轮机的调节,汽轮机的保护、自动开启和停机,以及振动的测量和监控都是按照系统构建的原则以嵌入式模块的形式由通用的元件制造的,在这些元件上整合着特定而独立的功能。"依斯卡马基刻"系统使用电动液压传动装置控制涡轮机组的阀门组件。调节系统"依斯卡马基刻-A"用于主汽轮机的电动液压控制,而"依斯卡马基刻-B"系统用于控制核反应堆的动力部分;这些系统都被设计成可以与防护系统"依斯卡马基刻-C"联合工作。

同步调节器用于调节主汽轮机 1 和主汽轮机 2 的两个压力调节器在测量蒸汽压力或者后续信号产生过程中所存在的偏差。它给出自己的修正输出信号到第二个压力调节器,并以此保障两个压力调节器在给定的允许范围内同步工作。

汽轮机控制系统内基本的参数如下:

· 蒸汽发生器内的压力为 31~33 bar;

· 涡轮的转速在额定工作模式下为 3 000 r/min(所设定的调节不均匀性为 2%),这是保障汽轮发电机的并行工作所必需的转速;

· 允许负载在 1 h 之内变换 30 次,2 s 之内功率可以从 100%减少到 0,而功率从 0 增加到 100%则需要 10 s;

· 可以在 50%到 100%的区间内在汽轮发电机之间分配负载。

控制的基本规律为半互相关性,主要体现为如下过程:

在控制台的工作状态下,对于任何的功率水平蒸汽的所有能量都被利用在主汽轮发电机上面。它们所生产的电能被推进电机使用,其中要除去投入工作的新蒸汽第二级用户单元(低压蒸汽发生器、海水淡化装置、辅助汽轮发电机、汽轮循环水泵、供水泵和除氧器)所使用的部分。第二级用户单元的开机或者关机情况会产生推进电机与主汽轮发电机之间自动的功率变化,变化的量与输送到主汽轮发电机蒸汽总量的增加或者减少成正比。控制台从工作状态的退出会引起蒸汽向冷凝器的泄放。

空转模式:在主汽轮发电机、辅助汽轮发电机、汽轮循环水泵、汽轮给水泵、低压蒸汽发生器和海水淡化装置处于工作状态时,根据需要在功率高于额定值 46%的情况下,需要向除氧器补充新蒸汽。在这个模式下也可以进行装置的联合控制和单独控制。

联合控制模式:模式设定器的操纵杆以每秒钟转动 0.1%的速度旋转,直到实现控制信号所要求的功率水平,控制信号是从功率限制切换开关发出来的,切换开关安装在中央控制台蒸汽涡轮装置控制面板上(或者在航行驾驶台上),它的控制不连续性为 10%。

功率限制的机理不是直接作用在螺旋桨电力装置的控制电路,而只是通过改变蒸汽生产装置的蒸汽产生率来起作用的。

在进行分别控制时操作员可以将模式设定器设置成任意值，在这种情况下借助于供应阀门的调节功率改变的速度可以达到每秒钟1%。

如果在模式设定器的设置没有改变的情况下发生了某一个蒸汽用户单元的启动或者停机，那么推进电机的功率也会相应地自动减少或者增加，此时不会进行蒸汽的泄放，同时在系统内蒸汽的压力将保持30.7 bar。在模式设定器所设定的状态下蒸汽的泄放会发生在机舱传令钟切换到中间状态的时候，或者是从操作台给出了对螺旋桨电力装置进行功率限制指令的时候。

如果模式设定器的设定值为常量，而机舱传令钟处于中间值，则调节阀门关闭，而泄放阀门与负载情况相适应地打开，也就是需要保证螺旋桨电力装置的额定功率实际上保持不变，而总的泄放量是由功率的储备余量所决定的。“伏尤佳”系统供应阀门的状态决定了装置的真实功率。在功率限制器的任何功率限制条件下，从转速调节器发出的输出信号都会受到“伏尤佳”系统供应阀门的状态信号所制约，使得比它们的正常值高一些。

以这种方式，泄放阀门通过蒸汽压力与调节阀门相关联。但是还具有转速调节器对于蒸汽压力调节器的直接作用方式，这种方式保证了在一些过渡过程中系统具有很高的机动性能。在涡轮防护系统启动(轴承润滑油的压力很低、转子的转速很高、发电机的自动装置启动，以及其他情况)的情况下，调节阀门与泄放阀门之间的联系被打破，而冷凝器仍然保持工作状态，泄放阀门此时作为纯粹的压力调节器工作。第二涡轮可以承受达到自己额定功率的100%的负载。

如果根据冷凝器内的压力大于0.5 bar和传动油的压力小于120 bar的报警信号，涡轮的防护系统和冷凝器启动，则速关阀和泄放阀门被关闭，剩余的涡轮和冷凝器将承受全部负载，而向“伏尤佳”系统发出将功率降低到65%的指令，这种情况下，如果在主冷凝器关闭之前的总功率超过50%的话，剩余的涡轮将根据机舱传令钟的状态增加负载到100%。

在蒸汽供应不足的情况下，为了保证辅助汽轮发电机的工作，系统会切断某些蒸汽用户单元。在主汽轮机速关阀前端的蒸汽压力下降到26 bar时，主汽轮机的防护系统发出关闭当前汽轮机速关阀的信号。

蒸汽发生器与推进电机之间联系的基本原理如下：

推进电机的功率最高上限为12 MW(或者说是推进电机的允许功率)。在控制台处于正常工作模式下通过所产生的蒸汽量来确定蒸汽发生器的功率。主任值班机械师根据航行驾驶台的指令转换在操作台CD17上在0(停泊状态)~100%的区间内以不连续度10%切换功率的限制，并确定功率限制器的设定值。以此在“联合控制”模式下建立起核反应堆功率设定器电动机的供应链，功率设定器和“伏尤佳”系统以每秒钟0.1%的速度实现相应的功率水平。在功率的设计上限为36 MW情况下针对当前功率限制为100%的条件，功率限制器的设定刻度符合 3 个推进电机的功率总和。这时,主汽轮发电机的功率可以在足够宽的区间内变化,它的大小取决于辅助用户单元的数量、蒸汽泄放的量以及主冷凝器中的压力。

给水调节阀的打开位置与功率限制器作用下主汽轮发电机和推进电机功率的关系表(破冰船“瓦尔卡奇”),见表 4-1。

表 4-1　给水调节阀的打开位置与功率限制器作用下主汽轮发电机和推进电机功率的关系表(破冰船“瓦尔卡奇”)

功率限制器/%	0	10	20	30	40	50	60	70	80	90	100
供水阀门 1/%	16~22	30	35	42	49	56	64	73	82	91	99
供水阀门 2/%	16~22	30	35	42	49	56	64	72	81	89	97
推进电机功率/MW	0	4. 8	7. 2	10. 8	14. 4	18	21. 6	25. 2	28. 8	32. 4	36
主汽轮发电机功率/MW	0. 6	6	7. 9	11. 4	15. 1	18. 7	22. 3	26	29. 5	32. 7	36. 8

在接近(0~26%)的负载区间时,由于泄放阀门后端涡轮管道的真空特性,额定功率对于泄放阀门的开度非常敏感。在主汽轮发电机自动控制系统中预警信号系统会根据以下参数启动:

· 涡轮外壳和主汽轮发电机外壳的绝对振动速度大于 7. 1 mm/s;

· 涡轮主轴和主汽轮发电机外壳的相对振动结果为 112 μm;

· 涡轮转子的轴位移:在船头部大于 0. 4 mm,在船舷处大于 0. 4 mm;

· 主冷凝器中的压力大于 0. 2 bar;

· 主冷凝器中的水位高于上限水位 875 mm,或者低于下限水位 250 mm;

· 主冷凝器的冷凝液盐含量大于 0. 9 mg/L;

· 主冷凝器前端的船舷外水温度低于 7 ℃或者高于 23 ℃;

· 主汽轮机组的调节系统传动油压力小于 158 bar;

· 润滑油系统的油压小于 2 bar;

· 支承轴承的温度高于 75 ℃;

· 主汽轮机的止推轴承温度高于 60 ℃;

· 在节流加湿系统(船头/船舷)的最后一道格栅之前的蒸汽温度高于 160 ℃;

· 在主汽轮机的速关阀前端的蒸汽温度低于 265 ℃;

· 主汽轮机的润滑油系统的油温低于 30 ℃或者高于 45 ℃;

· 在冷凝液泵和离子交换器之间的冷凝液盐含量:正常值不超过 0. 3 mg/L;

极限值为 1 mg/L;

· 在蒸汽发生器前端的供应水盐含量:正常值不超过 0.2 mg/L,极限值为 0.5 mg/L。

4.2 控制系统泵站

液压系统分站由下列单元构成:

· 泵站;

· 泄放阀门、调节阀门和速关阀的伺服传动装置。

泵站的作用是建立用于保障伺服传动装置调节功能的工作油的压力。它具有电子与液压信号转换器,用于将调节系统和涡轮防护系统的电信号转换成工作油压力的液压信号,然后液压信号借助于伺服阀门设定调节阀门和泄放阀门相应的开度值。

传动油的液压泵站 REXROTH 在主汽轮发电机调节系统中主要用于保障调节阀门、泄压阀门、速关阀和它们的伺服电机的控制组件的高压工作油供应。传动油的工作压力为 170 bar,这个压力是由带有压力调节功能的轴向活塞泵实现的(两台,一台为工作泵,一台为备用泵)。泵的泵送能力在发动机转速为 1 450 r/min 的条件下为 0~75 L/min(发动机功率为 22 kW)。

在泵机组主架上安装有本地的液压站工作故障信号系统的控制面板,报警依据以下参数:

· 在调节阀门、泄放阀门的油过滤器中,以及在加压过滤器中和排放过滤器中的压差过高;

· 在油箱中的油温大于 60 ℃;

· 油箱中油的液位降低到发光显示屏出现“油位过低”字样;

根据这些故障信号形成对于“达马吉克”系统的总故障信号,并发出故障通知“主汽轮发电机工作油液压站故障”。

在调节油压力小于 158 bar 的情况下,故障预警信号系统点亮在中央控制台上的显示屏,并在“达马吉克”系统上发出故障信息。

主汽轮机的调节系统传动油泵(4 台)。对于每一台主汽轮发电机,都配有一台工作油泵,一台备用油泵。在油压降低到 145 bar,并且持续时间超过 2 s 的情况下,备用油泵会自动启动。在调节系统中的油压低于 120 bar 的情况下,主汽轮机组防护系统会给出启动速关阀和关闭泄压阀门的信号;在调节油压力大于 160 bar 时,给出准备好启动主汽轮机的信号。

4.3　主汽轮发电机诊断系统

系统由带有键盘的个人计算机、显示器、打印系统和绘图仪构成。

涡轮振动的测量归结为对于每一个轴承绝对振动和相对振动的测量，以及主轴轴向位移的测量（不小于 0.4 mm）。

发电机振动的测量归结为对于每一个轴承绝对振动和相对振动的测量。

主汽轮机和主汽轮发电机外壳绝对振动的测量原理是基于将机械振动借助于高灵敏元件（地震传感器）以及测量变换器（放大器）转换成电信号，电信号与绝对振动成正比。绝对振动是由振动速度标志的，并以 mm/s 为测量单位。为了绝对振动的测量，在主汽轮机和主汽轮发电机支承轴承的顶盖上以硬连接方式固定着高灵敏度元件，用于完成垂直面上振动速度的测量。传感器是应用电磁感应原理工作的。它的具体工作过程是：对于闭合导通的回路（线圈），在穿过它的磁通发生改变的情况下，回路中会产生电流，而磁通是由永磁铁产生的，永磁铁则在线圈内随着机械振动的频率而移动。

在主汽轮机或者主汽轮发电机外壳的绝对振动速度超过所设定的极限值时，防护系统的门限装置启动，极限值等于 7.1 mm/s，并向预警信号系统发出信号，用于点亮相应的电子显示屏，同时向“达马吉克”系统发出故障信息。在主汽轮机组的运行指导手册上注明了，在启动时和空转工作模式下绝对振动速度不超过 10 mm/s。

关于主轴的相对振动，指的是主轴沿半径方向相对于支承轴承外壳的周期性波动。

相对振动由主轴位移的量来确定，并且以 μm 为单位进行测量。主轴半径方向的位移代表着主轴的轴心相对于支承轴承轴瓦的几何轴心的位置改变。它取决于轴承轴瓦的状态和涡轮运行的条件。为了测量相对振动和主汽轮轴半径方向的位置，在主汽轮机组和主汽轮发电机支承轴承的顶盖上面以与垂直方向呈 45°角安装了两个高灵敏度传感器，传感器型号为 7MJ1311-8BA。传感器安装在冷却的涡轮上面，并带有一个（1.5±0.1）mm 的工作缝隙，而且涡轮处于转子被向尾部挤压到支撑底座的状态。测量的原理是基于测量涡流电流（富科电流）的方法，涡流电流是在巨型导体中由于电子感应而产生的电流，比如在主汽轮机组和主汽轮发电机的主轴内，主轴被放置在交变的磁场当中。

在主汽轮发电机启动和工作的状态下，相对振动的值应该被监控，它们不应该超过西门子公司发电机运行手册上规定的值：

· 汽轮机主轴的相对振动不超过 60 μm；

· 发电机主轴的相对运动不超过 44 μm；

· 预警的极限值为 80 μm；

· 要求关闭发电机的极限值为 120 μm。

对于主轴相对振动结果的测量能够确定在汽轮机启动时出现临界转速的情况下转子的剩余失衡程度以及主轴是否存在曲度。位移波动的振幅突然增加意味着可能的损坏，叶片或者护箍包线的断裂。

通过两个安装成互为 90°角的高灵敏传感器的测量能够确定主轴轴心在支承轴承轴瓦中的位置，位置用双坐标轴的坐标表示，这样可以对轴承的磨损过程进行监控。

主涡轮机组转子轴心位移的传感器应该测出的缝隙，见表 4-2。

表 4-2　主涡轮机组转子轴心位移的传感器应该测出的缝隙

工作模式	传感器的工作缝隙/mm	转子的横动量/mm
转子不转动	1.5	0.6
转子转动	1.39	0.5

4.4　汽轮机的启动和停机

涡轮的启动和停机要求它的巨大转子均匀的加热和冷却，因此它要借助于盘车装置以大约 6 r/min 的速度旋转。在启动系统中，其具有对于主盘车装置离合器开启的屏蔽功能，或者将盘车装置的手动传动器顶盖撤掉。在启动之前汽轮机开启自动加热模式，以及在停机时开启自动冷却模式，在这些模式下盘车装置的启动和停止都是按照程序进行的。

预备好汽轮机的启动可以归结为完成下列的操作：

· 对于速关阀前端蒸汽温度的监控，它应该处于 265~300 ℃之间；

· 对冷凝器内的压力进行监控，它应该处于 0.035~0.05 bar 之间；

· 对于主蒸汽管道的吹洗进行监控（在管道内速关阀之前，以及在阀门本身内形成的冷凝液应该被完全的清除）；

· 将汽轮机对于盘车装置上紧，并且完成对汽轮机的听诊，对盘车装置电动机电流强度的监控；

·得到对于完成试运行的许可；

·关闭盘车装置，断开盘车装置的离合器；

·汽轮机转子的试运转和涡轮的启动都是按照程序来完成的。

汽轮机的启动是按照步骤化的工艺技术实现的。对于每个分系统的控制程序各个步骤指令的连续性取决于是否转向程序下一个阶段的判别准则。它们是由判别准则的传感器形成的：如果这些判别准则对于某一个步骤已经完成，则程序会转向下一个步骤，并且给出下一阶段传动控制的新指令。

对于步骤化的控制可能有下列 4 种工作模式：

·手动工作模式（自动装置关闭）；

·自动工作模式（自动装置开启）；

·启动停止模式（对于在自动装置开启模式下判别准则的模仿），这是当自动工作模式出现故障时，向程序下一个阶段的过渡可能是借助于手动按下向下一阶段过渡的控制开关来实现的；

·联合工作模式（没有操作指令），在控制传动机构的层面上所有指令都是以手动方式给出的，自动控制只是负责生成信息并且不给出任何指令。

启动程序开始工作的允许信号是由下列启动条件所决定的：

·调节阀门被关闭；

·主蒸汽管道内蒸汽温度大于 265 ℃；

·在节流加湿装置的最后一级格栅前端蒸汽温度小于 160 ℃；

·在冷凝器前端船舷外水的温度大于 7 ℃，并且小于 13 ℃；

·在冷凝器出口处温度小于 23 ℃；

·冷凝器内水位（小于 200 mm）；

·在收集器内润滑油的温度大于 35 ℃；

·在调节液压站内油压大于 160 bar；

·主汽轮发电机预先泵油的油泵被开启；

·泄放阀门处于半打开状态（大于 2%）；

·控制系统处于工作状态（没有报错）；

·汽轮机主轴没有轴心位移（汽轮机转子的轴心位移处于额定值±0.4 mm）；

·吹洗阀门处于 100%的开启状态；

·盘车装置的联动链接被切断；

·盘车装置的关闭时间小于 10 min；

·速关阀，调节阀，泄放阀的加热已经停止；

·发电机的关闭开关处于断开状态；

·在轴承内的润滑油压力大于 0.9 bar；

·在冷凝器内压力小于 0.35 bar；

·在速关阀前端的蒸汽压力大于 30.6 bar;

·调节阀门外壳的表面温度大于 120 ℃;

·经过发电机轴承的传动油比最小可允许的量要多;

·防护系统没有异常报警(没有干扰);

·蒸汽压力调节器被关闭;

·速关阀处于0%的关闭状态。

如果所有的启动条件都满足,并且给出可以开始启动程序的允许信号,则启动程序开始执行:

·第 1 步,这里执行指令“速关阀打开(1 min)”;

·第 2 步,涡轮的转速加快到 1 000 r/min(8 min);

·第 3 步,在这个速度上持续 5 min;

·第 4 步,确定以什么状态来启动涡轮,冷状态或者是热状态(如果停机时间小于 4 h,则从热状态开始启动,并且程序直接切换到第 10 步,如果停机时间大于 4 h,则从冷状态启动,并且程序直接转到第 5 步);

·第 5 步,涡轮的转速加快到 2 100 r/min(时间为 4 min);

·第 6 步,在这个速度上维持 40 min;

·第 7 步,涡轮转速加快到 3 060 r/min(时间为 1 min);

·第 8 步,手动关闭吹洗阀门(时间为 5 min);

·第 9 步,程序发出显示信息“发电机准备好进入同步状态”和“启动程序结束”,并且启动程序在这一步停止;

·第 10 步,在热启动的情况下发出指令“转速为 3 060 r/min”,并且涡轮继续以这个速度运转(时间 16 min);

·第 11 步,手动方式关闭吹洗阀门(16 min);

·与第 9 步相同,在这一步启动程序停止,并且在控制面板上持续发出声音信息“工作模式程序”。

蒸汽汽轮机装置的停机操作归结为下列动作:将所有供给转移给一台主汽轮发电机,而将已转入空转模式的主汽轮发电机停机。在控制台上按下快速停车按钮,启动汽轮机的自动停机程序。完全断开只在转速为 30 r/min 时进行。汽轮机的主调节阀门的吹洗阀门在本地控制台的指令下打开。在涡轮的转速下降到低于 750 r/min 之后,必须在现场确认发电机的供油泵是否已打开。在转子停止以后启动主盘车装置,在此之后,停机程序要继续维持主汽轮发电机的运转大约 4 h。

在必要的情况下,允许不间断地进行涡轮的旋紧加固。

启动期间在涡轮防护系统启动的情况下,以及在“涡轮停止运行”的指令下,涡轮的停机程序开始工作,并按照下列的次序执行。

发电机的关闭开关打开。
发电机被切断。
转速给定值改为 0 r/min。
实际转速小于 10 r/min。
在泄放阀门打开超过 0%的情况下,给出关闭速关阀的指令。
速关阀关闭。
手动开启盘车装置的离合器。
盘车装置的离合器开启,并且速关阀关闭。
手动打开吹洗阀门。
盘车装置的运行程序启动。
调节阀门,泄放阀门,速关阀都关闭。
停机程序结束。
预备打开涡轮启动程序。
结束。

4.5　辅助汽轮机操纵系统和辅助设备

在辅助汽轮发电机的启动过程中,工作的次序如下:

1. 辅助汽轮发电机的启动油泵开始工作。
2. 辅助汽轮发电机的冷凝液电子泵启动。
3. 辅助汽轮发电机的船舷外水水泵启动。
4. 辅助汽轮发电机通过盘车装置上紧。
5. 从中央控制台打开阀门,进行喷嘴和密封段的蒸汽供给。
6. 对喷嘴和密封段的蒸汽压力进行调节。
7. 对于盘车装置进行涡轮预热,以及提高辅助冷凝器的真空度。
8. 通过打开速关阀向涡轮的运转提供蒸汽,并且关闭盘车装置。辅助汽轮发电机的转速调节器开始自动维持额定转速,并且启动油泵自动切断,在这之后辅助汽轮发电机就预备好和电网同步运行。

辅助汽轮发电机的涡轮防护系统能够保障速关阀在下列参数下的自动关闭:

· 涡轮转子达到极限转速(3 360 r/min);
· 安全离心型调节器关于极限转速 3 420 r/min 的报警信号;
· 在辅助汽轮发电机轴承的润滑油管道内油压小于 0. 25 bar;

· 根据润滑油系统的液压继电器信号，压力小于 1.65 bar；

· 在辅助冷凝器内的压力高于 0.6 bar。

辅助汽轮发电机冷凝器的冷凝液泵（ЭКН №4，5，6，7）能够建立 8 bar 的压力，具有在工作泵的电力供应中断的情况下自动启动备用泵的功能；在水泵的压力收集器内压力低于 8 bar 的情况下，备用泵的自动启动会延迟 20 s。

辅助汽轮发电机辅助冷凝器的冷却用船舷外水水泵（ЭЦН №1，2，4，5）具有在水泵的压力收集器压力降低到 0.6 bar 时，以延迟 20 s 的时间自动启动备用泵的功能。

辅助汽轮发电机的启动油泵（ПМН ВТГ№1，2）能够在悬装泵（叶轮泵）的增加压力减少到 5.7 bar 的情况下自动启动。“达马吉克”系统不提供控制功能，控制是在辅助汽轮发电机控制台上进行的。在涡轮的防护系统启动的情况下，分流油阀向速关阀的空腔注入油液，向速关阀引入传动油的管道内压力急剧下降，速关阀关闭，随后安装在速关阀旁边的压力继电器启动，同时启动油泵开始工作。

第5章

反应堆装置特征和主要参数

5.1 船用核反应堆特性

核反应堆的基本参数:

· 一回路载热介质的设计压力为 165 bar;

· 一回路载热介质的设计温度为 323 ℃;

· 服役期限为 20~25 年;

· 外壳的尺寸:直径为 2 220 mm,高度为 4 526 mm。

· 核反应堆的型号为“ВВРД”。

· 堆芯的外尺寸:直径为 1.2 m,高度为 0.9 m。

· 燃料组件数量为 241 个。

· 燃料为浓缩铀。

· 核反应堆内的工作压力为 13 MPa。

· 核反应堆从顶盖到底座的高度为 5.5 m。

根据事故防护系统的报警信号,控制与防护系统的执行机构被引入到堆芯区域的时间少于 1 s。

应急保护(安全棒)驱动机构有 4 套;每一套里面的安全棒数量为 4 个;补偿群组(补偿棒)驱动机构的数量为 5 个,共拥有 478 个控制棒,其中一个中心机构拥有 72 个,两个中间机构拥有 72 个,两个过渡机构拥有 132 个。

从核反应堆堆芯通过一回路系统能够带出的热功率,在四台主冷却剂泵的高速工作下为 171 MW,而在低速工作下为 56 MW。

一回路系统的功率变化次数在整个服役期内不超过 10 万次。

事故防护系统的报警信号和阈值设定如下:

· 反应堆周期减少,并小于 15 s;

· 反应堆的实际功率增加与主冷却剂泵在高速工作模式或者低速工作模式下的循环程度之间的关系表示如下:

高速模式下 4 台主冷却剂泵工作—120%的额定功率；

高速模式下 3 台主冷却剂泵工作—90%的额定功率；

高速模式下 2 台主冷却剂泵工作—60%的额定功率；

低速模式下 4 台主冷却剂泵工作—40%的额定功率；

低速模式下 3 台主冷却剂泵工作—24%的额定功率；

低速模式下 2 台主冷却剂泵工作—22%的额定功率；

· 在一回路中载热介质的压力下降；

· 在电力模式下为 11.5 MPa；

· 在启动和停机时为 6.86 MPa；

· 一回路的载热介质压力升高到 16.5 MPa；

· 给水的流量降低到额定流量的 10%；

· 一回路以高速模式工作的主冷却剂泵有 3 台或者 4 台停机（转速减少到 2 350 r/min）；

· 以低速模式运行的主冷却剂泵有 3 台或者 4 台停机（转速减少到 680 r/min）；

· 关于核功率“N”或者关于“τ”的参数，反应堆参数的 2 个同名监控通道中故障防护系统的报警信号同时发生故障，以及“N”和“τ”的一个监控通道停止工作，或者当前参数的 2 个仍然在起作用的监控通道中的一个启动了事故报警信号；

· 在主控台上按下手动停堆按钮；

· 来自反应堆控制系统的安全注射按钮的信号。

核反应堆可以在下列条件下稳定地、可靠地工作：倾角 45°以内，7~20 s 的周期，以及在船舶颠簸的情况下在任意方向上长期的 30°以内的倾角，温度为 5~50 ℃，周围空气的湿度在 95%以内，而在前甲板区域核反应堆所处位置温度为 5~200 ℃。在事故下短暂处于绝对压力达到 0.4 MPa 的蒸汽空气混合介质环境中，以及在 4 h 内温度达到 155 ℃，并且后续在一昼夜的时间内参数均匀地降低到正常值之后，工作能力依然得到保持。

反应堆及一回路系统的构成及设备图 5-1 所示。

在核反应堆舱段中基本设备的排列如图 5-2 所示。

核反应堆是反应堆及一回路系统乃至整个核动力装置基本的和最核心的组成部分。核反应堆的整体结构和它的所有元件及设备应该具有极高的可靠性，但是核反应堆大部分元件的检查、更换或者维修都十分困难，而且经常由于很高的核辐射，完全无法开展。这是一个高压的气密性容器，为压水堆，在 165 bar 的压力和 365 ℃的温度（设计值）下工作（图 5-3）。

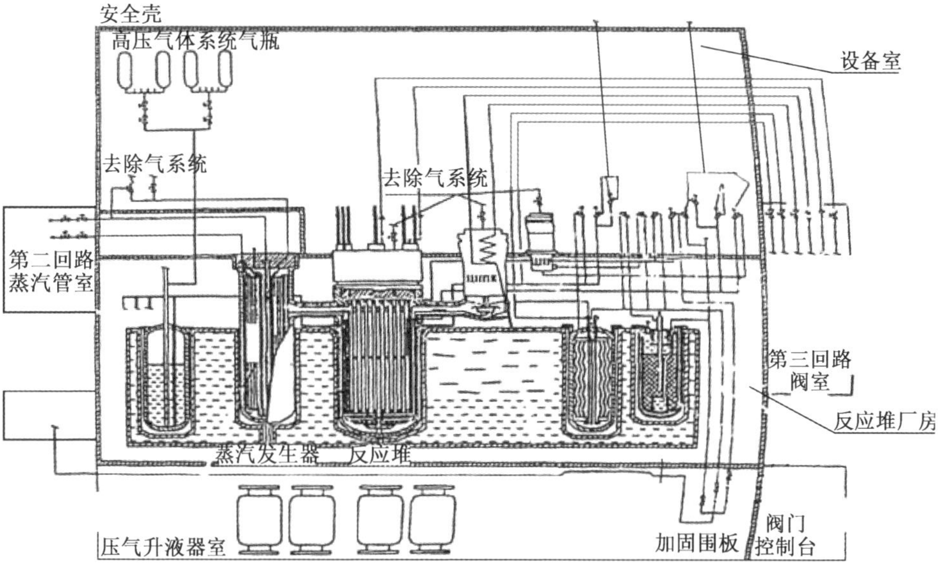

图 5-1　反应堆及一回路系统的构成及设备

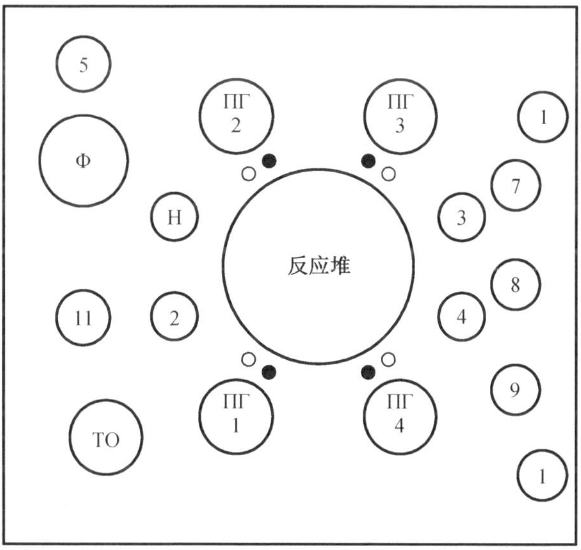

●—电流电离室;○—脉冲电离室;7,8—稳压器;6,9—能够改变液位的稳压器;11—冷却循环泵;ТО—过滤器冷却器;ПГ—蒸汽发生器;Ф—主冷却剂泵的过滤器;1,2,3,4—Ф1/3 回路过滤器。

图 5-2　堆舱内部的设备布置

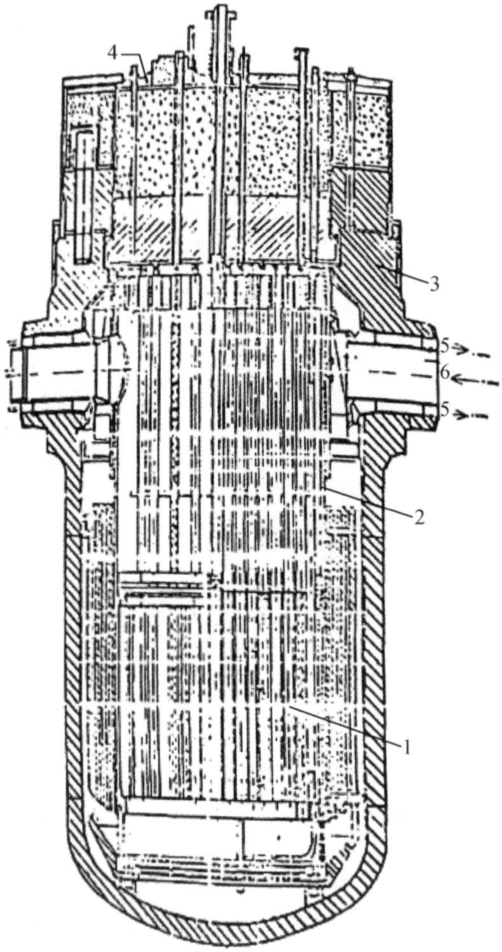

1—堆芯;2—堆内构件;3—压力容器;4—顶盖;5—到第一回路循环泵的出口;6—来自主冷却剂泵的载热介质注入口。

图 5-3 反应堆结构

核反应堆由下列基本部分构成:压力容器、顶盖、堆内构件、堆芯(燃料组件 219 组、安全棒组件 5 组、控制棒组件 17 组)。

核反应堆压力容器为锻造件,具有由耐热钢材冲压而成的椭圆形底座,还有两层的防腐熔焊层,整体用焊接连接在一起。

核反应堆与支持它工作的外部设备和系统借助于 12 个整体锻造的外壳支管相连接,这些支管具有下列用途:

4 个主支管用于连接蒸汽发生器,4 个支管用于连接主冷却剂泵的水箱,4 个小型支管用于连接管道,管道是从压力安全系统、余热排除系统,以及载热介质净化系统引过来的。所有的支管都具有“管中套管”的结构。核反应堆外壳和顶盖的连接处密闭性是借助于铜制楔形的自密封垫片和带有 24 个螺杆螺母的压紧法兰盘实现的。核反应堆扁平可拆卸的顶盖是为了保障核反应堆内部空腔的可及性，用于实现堆芯区的加载。通过它向核反应堆引入：补偿群组驱动机构的牵引元件、安全棒、电阻温度转换器(6 个)、热电转换器(7 个)。

可取出的单元(吊篮组件)用于放置堆芯区的燃料组件、控制棒组件和其他元件，并且将核反应堆的腔体区分成不同压力的载热介质的各个区域，同时也作为保护外壳与顶盖不受堆芯区离子辐射破坏的元件。

燃料组件安装在单元平台的圆孔上，以自己的凸边顶住上平台。核反应堆的顶盖挤压住燃料组件的上部，这样能够防止它们相对于整个单元垂直方向的移动，相应地相对于控制棒组件也没有相对运动，以此能够防止堆芯区反应性未经允许的改变。

在动力层面上核反应堆运行中的不正常状态是根据下列因素来判断的。

在堆芯区出口处载热介质的温度上升(大于 317 ℃)表明了从堆芯区的热能引出恶化。

在一回路中载热介质压力的升高(大于 13.7 MPa)表明了在堆芯区内热能引入和引出之间的平衡被破坏；压力的降低则说明一回路的密闭性失效。

在稳压器中载热介质的液位降低(少于 60%或者低于 2.2 m)表明了在一回路中存在泄漏(故障值为 15%或者 1.3 m)。

核反应堆的倍增周期下降(40~60 s)表明了核功率的升高以及核反应堆过热的危险(故障值为小于 15 s)。

载热介质沿着由“管中套管”型的支管连接在一起的 4 个内部腔室，从核反应堆到达 4 个蒸汽发生器，在那里将热能传递给二回路的载热介质。经过冷却的载热介质沿着由“管中套管”型的支管连接成的环形通道，从每一个蒸汽发生器到达环形腔中属于自己的腔室(4 个中的一个)，腔室是由反应堆的外壳和锥形的套筒构成的，被称为核反应堆的吸入腔室。每个腔室都由分离隔板相互分开，并对于相应的主冷却剂泵而言是作为吸入接收的一方。接下来载热介质传送到主冷却剂泵，经过水泵的工作轮和带有 5 个止回阀的导向装置，沿着 4 个由支管连接在一起的 4 个内部腔室，载热介质达到核反应堆挡板间的空间。核反应堆内部的环形吸入腔室由径向加强肋条分割成为 4 个独立的腔室，目的是保障每一个主冷却剂泵动都直接地与固定的蒸汽发生器相关联。

在每一个主冷却剂泵的导向装置中止回阀的作用是防止一回路水的循环，当经过蒸汽发生器的载热介质流量很大时，蒸汽发生器的主冷却剂泵就会停机，或者从高速模式转为低速模式。已经停机的主冷却剂泵的止回阀可以在蒸汽发生器的正在工作水泵的增压作用下自动地关闭，此时蒸汽发生器的循环泵是处于停机并且过热的状态。这时,沿着原来方向经过蒸汽发生器的载热介质能以较小流量继续循环,这是借助于在分隔径向肋条上所存在的缝隙和孔洞实现的。

在主冷却剂泵上顶盖的下面,载热介质的温度不应该超过 100 ℃(在上顶盖上安装有中央监控系统的温度传感器)。

从补水系统输送给回路的补水是通过取样管道进行的,补水是传送到核反应堆吸入腔室之中。

在发生与载热介质流失有关的事故时,水通过高压安注泵沿着直径为50 mm 的管道自动通过相应阀门传送到核反应堆的压力容器,并通过相应阀门传送到核反应堆的排放水箱。

循环通路的基本设备安装在屏蔽水箱。整个单元(核反应堆,蒸汽发生器和主冷却剂泵)在基础底座上是倾斜的,是焊接在屏蔽水箱的顶盖上,借助于分布在水箱中的固定爪和分布在蒸汽发生器上的枢轴,为装置提供了在过热情况下的热膨胀防护,并且同时也达到了避免整个单元发生位移的稳固。

3 个热变换器用于测量载热介质在入口处的温度,4 个热变换器测量出口处的温度,它们向核反应堆控制和防护系统发送信号。在额定工作状态下,核反应堆排放水箱内的载热介质温度不超过额定值,在这个温度升高到超过 330 ℃时,一回路系统的功率由于补偿群组控制棒的下降而降低。燃料组件中载热介质的温度测量是通过出口处通过 6 个热变换器实现的,测量信号发送到中央监控系统。

为了测量核反应堆的功率和它的倍增周期,在屏蔽水箱内环绕着反应堆潜水箱安装了 10 个带有电离室的悬挂装置。在核反应堆的启动模式下,反应堆功率和周期的测量借助于两个离子脉冲室和三个电流电离室来实现,它们中的每一个都拥有自己的测量通道(两个电流电离室是在主要元件失效的情况下起到备份作用的)。电离室的信号发送到控制和防护系统。

在核反应堆正常启动条件下,功率的倍增周期是保持在 20 s 到∞的范围。在周期减少到小于 20 s 时,会发生补偿群组控制棒的自动下降,并一直持续到功率的倍增周期上升到超过 20 s 为止。在周期减少到小于 15 s 时,事故防护系统会自动启动。在功率水平升高到超过允许值的 10%的情况下,借助于补偿组件的下降会自动降低功率到允许的水平,而功率升高到超过允许值 20%的情况下,事故防护系统会自动启动。

压力安全系统的稳压器用于在核动力装置反应堆的所有运行模式下建立和维持一回路的压力处于给定的范围内。稳压器的气体系统由稳压器单元、高压气瓶和管道组成,管道用于连接一回路系统和容积补偿器水空间部分,以及用于连通容积补偿器和高压气体的气体部分。因为在稳压器中的温度(大约为250 ℃)远低于一回路的温度,所以稳压器中的载热介质与一回路载热介质会产生明显的温度差,相应地也会在连接管道内产生温度波动。这些温度波动会周期性地影响供水管道和系统的组件(稳压器-核反应堆),这会导致在装置的工作模式改变(过热,冷却,功率变化,用于维持一回路给定参数的各调节机构的工作)的情况下,由于一回路的温度变化会产生周期性的热应力。在一些情况下,会在稳压器的支管内、在锥形过渡段的末端外壳上、在稳压器支管的焊缝中形成周期性的热裂缝。

为了提高压力安全系统的潜在性能,建议如下措施:

· 降低功率改变的速度,从 1%额定功率每秒到 0.1%额定功率每秒;

· 扩大保持平均温度的调节边界。

电离室是用于在启动模式下、运行模式下,以及在核反应堆防护系统中,乃至于在堆芯过载的情况下,监控核反应堆的中子注量率。核反应堆装备有 2 个离吊装电离室 ИК-12-1(脉冲电离箱用于监控在启动模式下的核反应堆参数)和 8 个吊装电离室 ИК-3。它们中的 3 个用于监控在启动模式下的中子注量率和反应堆周期,并形成这些模式下的控制信号、预警信号和事故信号;3 个用于监控离子流功率,并在动力模式下功率运行时形成控制信号、预警信号和事故信号。

核反应堆装置控制和防护系统的执行机构,用于操作 2 个独立的核反应堆反应性控制设备系统。为了补偿反应性的过剩和核反应堆的调节,应用了 5 个独立自主带有吸收棒的执行机构的电动机械组件。为了快速地将核反应堆切换到次临界状态应用了事故防护系统,它由 4 个独立的安全棒组构成(甚至在一组安全棒和一组控制棒故障的条件下)。

控制棒驱动机构工作的基本模式包括:在反推条件下的重复短时间工作模式下,能够保持补偿机构在任何一个工作状态下都能长时间工作,这既包括在供给的正常参数和机械机构支架冷却的条件下,也包括在供给出现偏差的条件下。补偿群组驱动机构由电动机进行远程自动的控制。在断电的情况下,由于自身重力自行引入到堆芯区域,同时也具有移动控制棒组件的手动传动装置。向上的移动是沿着阶梯组实现的,在台阶之间具有停顿,而下降可以使用工作速度和事故速度。处于堆芯区域任何高度的位置下,控制棒组件都能保持在静态的工作模式。

控制棒组件的传动特性:

工作行程为 835 mm;

停顿为 4 s;

位移的工作速度为 2 mm/s;

事故下的下降速度为 23~30 mm/s。

在控制棒组件的移动阻力增大的情况下,补偿组件传动的步进电机具有强化工作模式(短时间的)。

应急保护驱动机构基本工作模式是提升控制棒,将它们保持在比较高的位置,以及根据事故防护系统的信号,将它们下放到堆芯区域。

事故防护机械机构的特性:

安全棒的行程为 1 040 mm;

安全棒的落棒时间为 0.4 s;

安全棒的提升时间为 20 s(不低于);

事故防护系统执行机构是密闭性制造的(正常条件下是工作在干燥的外罩下),在外罩破裂的情况下,被设计成可以在一回路压力下工作。

5.2 一回路系统

一回路包括下列基本系统:

· 一回路冷却剂的基本循环回路(核反应堆,4 台主冷却剂泵,4 台蒸汽发生器);

· 载热介质净化系统(一回路过滤器,1~3 回路的一台热交换器,管道和结构件,除此之外,还有在它里面维持循环所使用的主冷却剂泵和余热排出泵);

· 压力安全系统;

· 蒸汽发生器的二次侧超压保护系统;

· 冷却系统(一台冷却循环泵,管道和结构件,除此之外,在它里面还使用了 1~3 回路的热交换器和主冷却剂泵)。

基本循环回路主回路作用是加热在核反应堆堆芯区域的载热介质(水),通过这些载热介质将热能转移到蒸汽发生器,并且在蒸汽发生器里将它传递给二回路载热介质。核反应堆堆芯区域的可靠工作只能在这样的条件下实现,就是保障区域中所释放的能量与排出的能量相吻合。这个条件不仅应该在正常工作条件下,也应该在核动力蒸汽发生装置的事故工作模式下实现。

任何短时间的载热介质循环的中断或者在蒸汽发生器中载热介质的冷却,甚至在链式反应由于事故被终止之后,都会引起不允许的载热介质、燃料组件外壳和燃料的温度升高,以及一回路中压力的升高。这自然会导致热交换的危机,堆芯区的熔化或者一回路的爆炸,这些都是绝对禁止的。因此应该保障循环和热能释放非常高的可靠性,这种可靠性的达成首先就是要设立多个循环回路,建立装置的备份,设计多个电源系统和向蒸汽发生器的供水系统,创建核反应堆的事故冷却系统,以及核动力蒸汽发生装置各个用户单元的能源系统。

在 16.2 MPa 的压力之内，或者压力短时间升高到 19.6 MPa，以及温度升高到 350 ℃，一回路系统都能够长时间可靠地工作。

第一回路冷却剂的总体积约为 19 m^3（核反应堆为 5.65 m^3，主冷却剂泵为 0.32 m^3，净化离子交换器为 1.3 m^3，净化离子交换器热交换器为 0.75 m^3，余热排出泵 0.015 m^3，管道内为 0.28 m^3，蒸汽发生器为 9.8 m^3，补偿器约为 0.94 m^3，一回路不能排出的容积约为 1 m^3）。

对于一回路工作状态的监控是借助于物理的、热力学技术的和放射性的监控传感器远程实现的，针对通道的过载，以及针对整个堆芯区域和可取出单元事故情况下的过载，都做了相应的设计。

为了实现核动力装置技术上运行的安全，所有一回路系统的机械机构和设备都安装在坚固的气密舱内，它在高度上被分解为两个部分：

· 核反应堆（低的）区域，处于生物保护单元的下面；

· 设备区域（高的），处于生物保护单元的下面；

一回路系统设备和管道的大部分都处在生物保护单元的下方。一回路管道的排列考虑到了热膨胀情况下自补偿的可能性（拥有必需的过渡支撑座，限位器和支吊架，用于减少由于重力、撞击力和振动在管道内所产生的应力）。

所有需要介入操作的控制配件都安装在配件区域，并且具有气动传动装置。控制不是自动完成的，就是操作员以远程的方式进行的。所有与一回路载热介质有关系的元件、管道和配件都是用带有很高抗腐蚀性能的不生锈材料制作的（钢材的标号为 08X18H 10T、14X 17H2 及其他型号）。

一回路冷却系统的结构图如图 5-4 所示。

核反应堆装置的冷却可以通过 3 个独立的通道实现。

基本的渠道是依靠载热介质在一回路中的受迫或者自然循环条件下蒸汽发生器的工作实现的。从基本的供应水系统借助于备用或者事故给水泵将给水输送给蒸汽发生器（或者从蒸馏液的备份储存罐供水）。蒸汽或者蒸汽水混合物被引出到冷却冷凝器，冷凝器的工作是由向主冷凝液管道泵送冷凝液的冷凝液泵，以及船舷外水循环泵来保障的。人们设计了将核动力装置二回路的两个备用给水泵切换到向一回路供水的方案（流量为 5.6 kg/s，压力为 40 bar）。

第二个冷却通道是一回路的净化系统。在离子交换器被切断的情况下，实现一回路载热介质的循环，主冷却剂泵以低速工作模式或者冷却水泵泵送载热介质经过过滤器冷却器和核反应堆。使用第三回路及三-四回路冷却器里的水实现了从过滤器冷却器中带走热量。

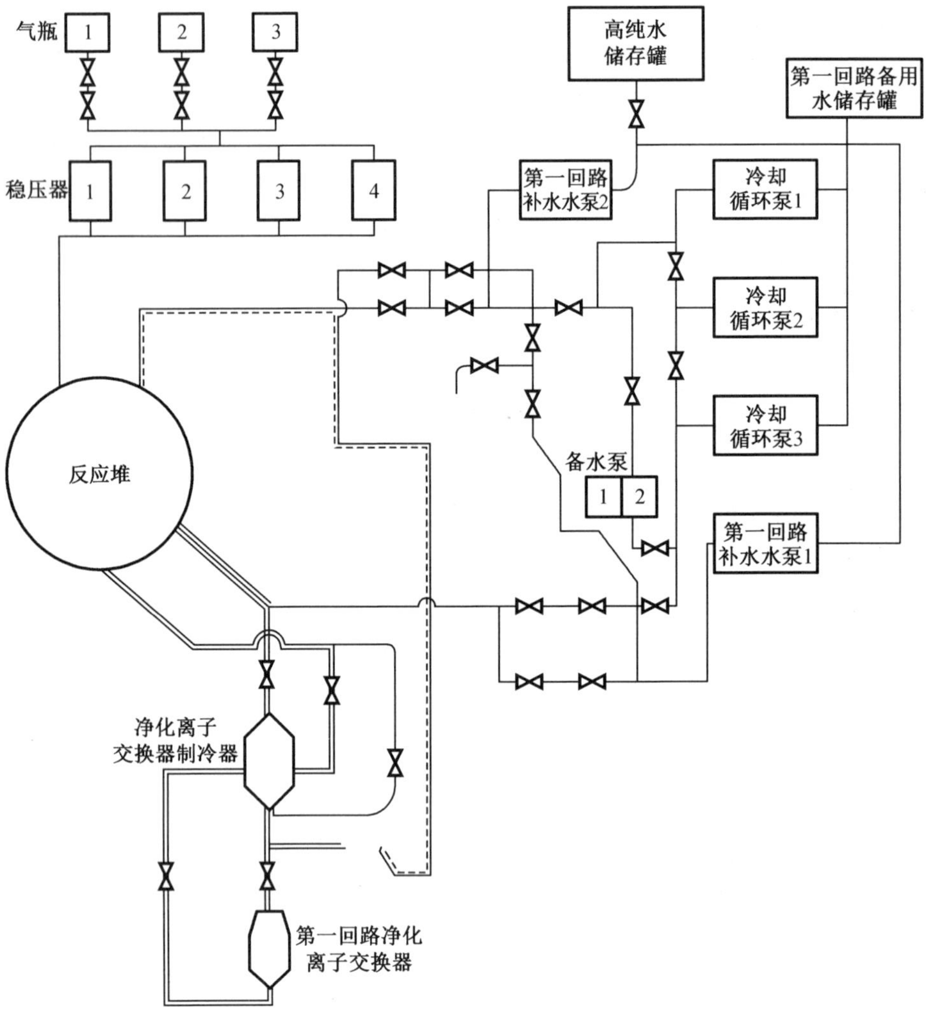

——工作模式流程图;----在冷却循环泵工作条件下的冷却模式流程图;

—·—在冷却循环泵以低速模式工作条件下冷却模式流程图。

图 5-4　一回路冷却系统的结构图

第三个冷却通道是蒸汽发生器的事故冷却系统,事故冷却系统是由事故冷却储存罐和向大气中排放蒸汽来工作的,冷却系统的功能是在事故条件下向蒸汽发生器供水,事故是指破冰船完全断电,以及蒸汽的多余压力向大气的漏逸(这个作为堆芯区冷却的最后一种可能性)。系统的构成包括储存罐(1 个)、机械过滤器(1 个)、带有手动和远程控制的配件,以及热力学监控的仪器和自动化装置。通过远程控制,从事故冷却储存罐沿着两条船舷管道向蒸汽发生器以 2

m^3 的量供水。在完全断电的情况下，从事故冷却储存罐出来的管道阀门在弹簧的作用下打开，并且水在0.3 MPa的压缩空气压力的作用下从事故冷却储存罐流经蒸汽发生器，并且以蒸汽的形式，通过远程控制的配件和连接在主蒸汽管线的大气压力管道排放到大气中。系统中的所有配件都是由手动或者远程控制的(从中央控制台上的蒸汽发生装置控制面板进行操作)。报警信号发送到中央控制台上的蒸汽发生装置控制面板上。

蒸汽发生器用于汽轮机组及其他辅助蒸汽使用单元的蒸汽保障，也是为了在装置停机的情况下保障核反应堆的冷却(图5-5)。蒸汽发生器是直流式的(管状的)，垂直圆柱形带有螺旋管结构的，由供应水和蒸汽的20个独立的单元连接而成(每个单元5条管道)。管道的总长度为4 640 mm。

在正常工作模式下蒸汽发生器的基本参数有：

· 蒸汽产生率为16.6 kg/s(60 t/h)；

· 蒸汽压力为3.33 MPa；

· 蒸汽温度(设计值)为300 ℃(350 ℃)。

蒸汽发生器是以密闭型整体焊接的结构形式制造的，外部直径为1 260 mm，由外壳和装配有管道系统的顶盖构成，管道系统焊接在它的外壳上部。蒸汽发生器与核反应堆的连接是借助于“管中套管”型的通联支管实现的。管道系统的独立单元结构使得在蒸汽发生器管道内发生密封性被破坏的情况下，只需要切断某个发生泄漏的独立单元。

在蒸汽发生器顶盖上安装有用于排除气体和烘干一回路腔体的接管嘴。在蒸汽发生器外壳的上部安装有生物保护装置和热绝缘层。

在蒸汽发生器工作在动力模式下，对于事故状态的判断要依据下列因素：

· 在核反应堆入口处载热介质温度的降低(低于278 ℃)表明在堆芯区域的热量产生与蒸汽发生器的热量引出之间的平衡被破坏；

· 各蒸汽发生器载热介质温度之间的差异表明在蒸汽发生器并行工作的条件下流体动力学稳定性被破坏，而在蒸汽发生器后端蒸汽温度的降低(低于295 ℃)表明在蒸汽发生器管道系统的内部存在沉淀物；核动力装置效率的降低表明主汽轮机的汽液流通系统的腐蚀程度增加。

主冷却剂泵用于保障在蒸汽发生装置一回路系统内载热介质的循环。

主冷却剂泵是离心式，单级结构的，未加严封料的垂直执行机组，带有密闭性封闭的双速异步电动机(图5-6)。

在载热介质的额定参数下，主冷却剂泵的工作模式为4台水泵长期不间断的工作，转子的转速为3 000 r/min(高速模式)和1 000 r/min(低速模式)，在装置的冷却过程中使用1 000 r/min的电动水泵水，泵的供水量为0.23 m^3/s(高速模式)和0.08 m^3/s(低速模式)。

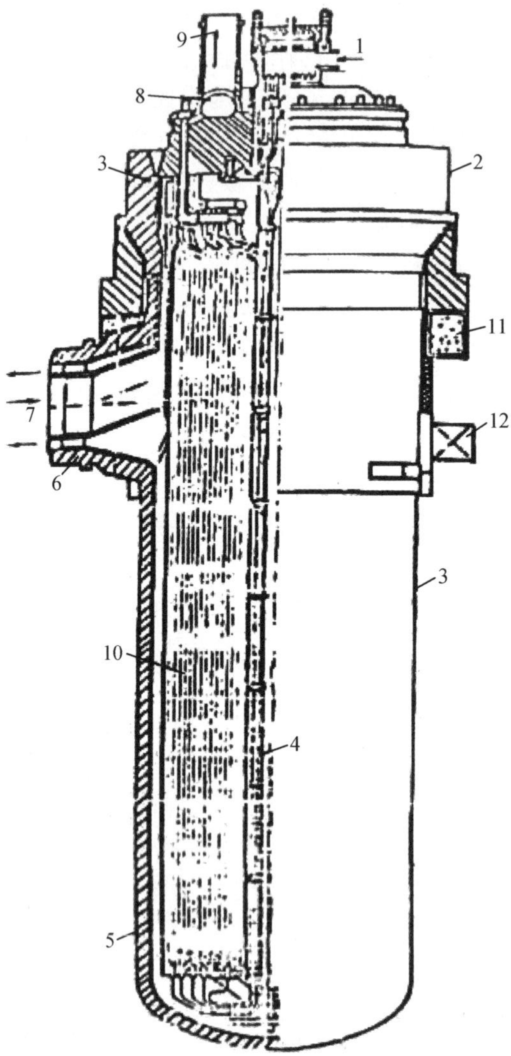

1—供应水引入收集器;2—核反应堆顶盖;3—反应堆压力容器;4—导热管道集束(下降);5—导热盘管(上升);6—双层套管法兰;7—回路载热介质的引入和引出口;8—蒸汽收集器;9—蒸汽发生器的二回路蒸汽出口;10—蒸汽发生器盘管;11—生物防护装置;12—蒸汽发生器的加固装置。

图 5-5 蒸汽发生器结构

基本的故障有:

·主冷却剂泵未经许可的切换到低速模式表明循环泵的基本供电不足和向事故供电方式的过渡;可能的后果是从堆芯区域热量引出的恶化,在堆芯区域后端温度的升高,热交换危机的可能性增加,载热介质有可能出现整体沸腾;

· 主冷却剂泵顶盖下面的冷却水温度的增加表明在循环泵冷却系统内的异常;后果是主冷却剂泵支承轴承和止推轴承的损坏,转子被卡住,以及堆芯区域冷却的恶化。

稳压器用于载热介质热膨胀的补偿和维持一回路中的压力在设定的范围内。稳压器的工作模式伴随着经常性的温度变化,温度变化是与载热介质从核反应堆到补偿器或者相反的来回流动有关系,这与载热介质平均温度的改变有关。工作介质:一回路的气体(氮气)-水。

冷却循环泵的作用是在冷却系统内建立载热介质的循环。带有电动传动机构的水泵具有两种工作模式(表 5-1)。

表 5-1　带有电动传动机构的水泵的两种工作模式

在工作回路中:	模式 1 在压力撤销情况下	模式 2 在冷却情况下
供水量/(m^3/h)	9	15
压力/bar	4.3	4.3
抽吸处温度/℃	75	小于 200

一回路过滤器是用于维持一回路载热介质的品质指标在设定范围内。作为填充物使用了阳离子交换树脂和阴离子交换树脂。过滤器将一回路循环水中的可溶解杂质、腐蚀产物、放射性核素过滤出去,保持并改变一回路的水化学模式。

一回路管道集中布置在单元下方的空间内,并覆盖着有机硅酸盐隔热层。

过滤器的冷却器是蛇形管结构的,双单元的,带有嵌入的蛇形管道换热器的垂直执行装置。载热介质运动的方式为反流方式。(在冷却模式下借助干余热排出泵则为直流模式)

冷却器蛇形管道内部的工作压力在 0.98 MPa 以内,在其他腔体内则在 16.2 MPa 之内。

冷却器的一个单元中,管道的数量为 18 根,被盘卷部分的长度为 288 m,两个单元:36 条,被盘卷长度为 576 m,直径为 22×3 mm。

在换热器内管道的数量:40 根,被盘卷部分的长度为 320 m(直径为 12×1.5 mm)。

冷却器的冷却表面积:一个单元为 20 m^2,两个单元为 40 m^2。

换热器的加热表面积为 12 m^2。

管道之间的空间总体积为 0.75 m^3,管道内部的总体积为 0.16 m^3。

热交换器的质量:干燥时为 5 460 kg,而在充满的状态下为 6 370 kg。

过滤器冷却器由换热器和两个独立的冷却器单元构成,冷却器被装配在圆柱形外壳上面,外壳上焊接有顶盖和底座。换热器是单通道多入口的蛇形管结构,由6排管道组成,管道在管板上与入口和出口处连接在一起。

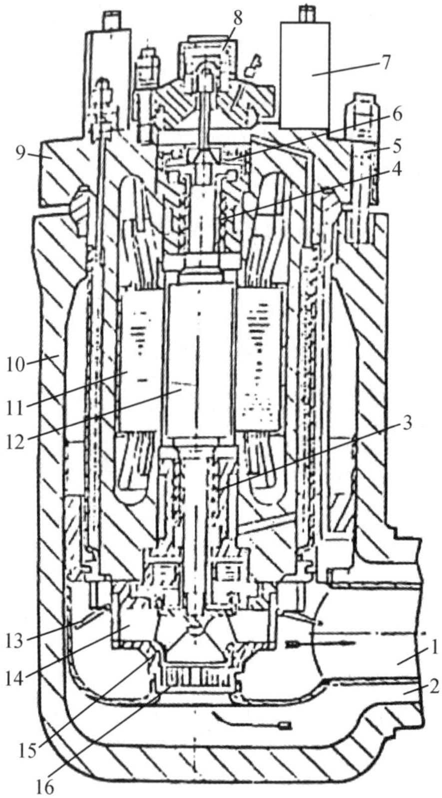

1—压力管线(一回路水的引出);2—接收腔室(一回路的入水口)(管中套管);3—下部滑动阀门;4—上部滑动支承轴承;5—水泵外壳加固件;6—带叶轮的止推轴承;7—接线箱;8—水泵顶盖;9—水泵外壳;10—液压水箱;11—启动器;12—电动机转子;13—止回阀;14—导向装置;15—离心泵泵轮;16—水泵接收过滤器。

图5-6　一回路循环水泵结构

蛇形管型的冷却器由6排多入口的蛇形管构成。蛇形管在上部和下部连接在一起,构成两个平行的收集器单元。在热交换器内有套筒用于建立载热介质所必需的流速。在顶盖上分布着用于安装热交换器的法兰盘。在工作期间,从一回路出来被冷却的水通过支管到达换热器的蛇形管。在下降的过程中,它将从过滤器出来的水从60 ℃加热到250 ℃,这个水沿着支管向上升高到达换热器管道之间的空间。然后冷却水在换热器中被冷却到100 ℃,之后沿着冷却器管道之间的空间上升,并从冷却器沿着支管带着小于60 ℃的温度流出到过滤器进行净化。从第三回路出来的被冷却水在管道内循环,水的引入和引出都是通过支管进行的。

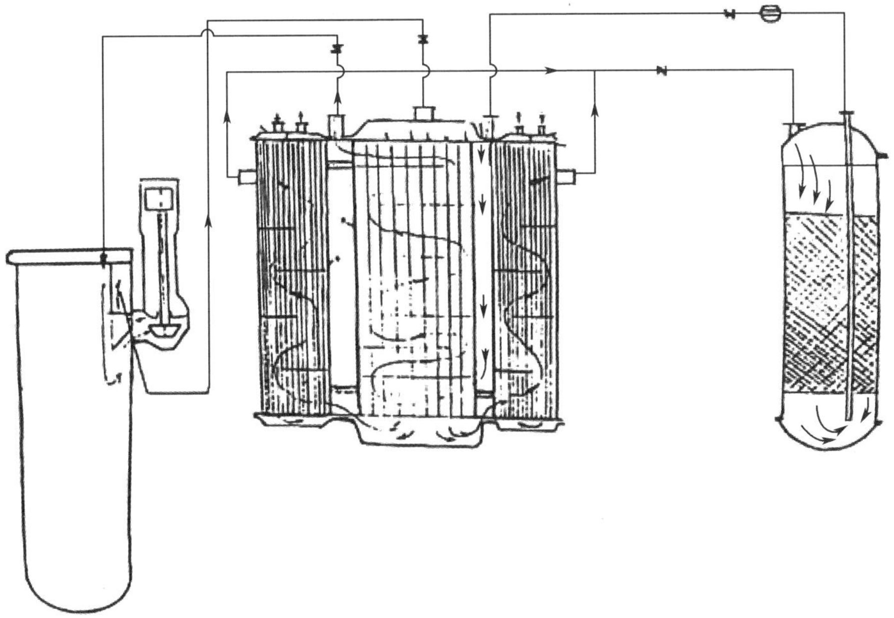

图 5-7　一回路循环水泵结构

净化系统适用于维持一回路循环水的指标处于设定的范围内，方法是用一回路净化离子交换器的填充物来俘获可溶解的和不可溶解的物质，这些物质是由于放射性分解和腐蚀形成的。除此之外，借助于净化系统还能够实现载热介质的采样和一回路循环水的排放。

在装置工作期间，净化系统的净化离子交换器被接入到循环的基本回路。离子交换容积过滤器的离子交换剂进行过滤反应时可能会造成它的过载。净化系统的工作流程可总结为：将部分载热介质从核反应堆提取出来，然后在 1～3 回路的冷却器中将它冷却，之后输送到净化离子交换器进行净化，接下来到热交换器的换热器进行加热，最终返回到主冷却剂泵的吸入腔室中。载热介质的冷却对于保障净化离子交换器离子交换剂的工作性能是必须的。

在换热器里一回路的水冷却到大约 100 ℃，并将热量传递给一回路的冷水，冷水是经过净化离子交换器后循环流入换热器管道之间的空间内并与热水相向会合的。然后水到达 1～3 回路的制冷器，在那里冷却到小于 60 ℃的温度，接下来从生物保护单元下面上升并从回路中被排出到堆芯围板。在发生很大的泄漏和一回路系统内压力下降到 115 bar 时，净化系统自动切断。

5.3 设备冷却水系统

第三回路系统(闭合的,循环的)是用于完成下列功能:

· 核动力蒸汽发生装置设备的冷却(过滤器制冷机、主冷却剂泵、余热排出泵、控制与防护系统传动装置支架、一回路中子流监控传感器“БДПН-12”、潜水箱、第一和第三回路过滤器);

· 从核反应堆和安装在屏蔽水箱内的一回路设备中引出热量;

· 在净化模式和核动力蒸汽发生器冷却模式下,将热量引出到热交换器;

· 将从热交换器压力部件的密封垫和第三回路水泵中泄漏出的水排出;

· 从净化离子交换器中排出爆炸性气体到扩展储存罐,这些气体是在一回路系统中水的辐照分解过程中产生的,并且也从这个扩展储存罐向铁-水防护装置的水箱补充水分;

· 对第三回路的阀门进行加压试验;

· 在向系统注入水的时候,从屏蔽水箱中排除空气;

· 加固安装在铁-水防护装置的水箱里的一回路设备。

第三回路系统如图 5-8 所示。

系统由下列基本的机械装置构成:

· 三台第三回路循环泵 ЦН-103Р/11,每一个的流量为 29.2 kg/s(105 t/h),增压为 0.6 MPa,用于创建第三回路系统中的冷却水循环;

· 两台淡水冷却器型号为“ОКН-220-105002-Г4-ОМ5”, 流量为 50 kg/s;

· 一台第三回路过滤器,离子交换型的,流量为 0.23 kg/s;

· 一个屏蔽水箱,容积为 70 m^3;

· 一个第三回路扩展储存罐,容积为 3 m^3(用于温度变化的补偿,和水泵在吸水过程中的余压补偿);

第三回路的任何一个水泵都从屏蔽水箱抽水,并且将它输送到两个淡水冷却器中的任何一个。在经过冷却器之后,水到达压力收集器并在下列用户单元之间进行分配:

· 一回路过滤器的热交换器两个单元;

· 一回路过滤器的套筒管道;

· 第三回路过滤器;

· 主冷却剂泵热交换器;

· 核反应堆顶盖的控制防护系统支架;

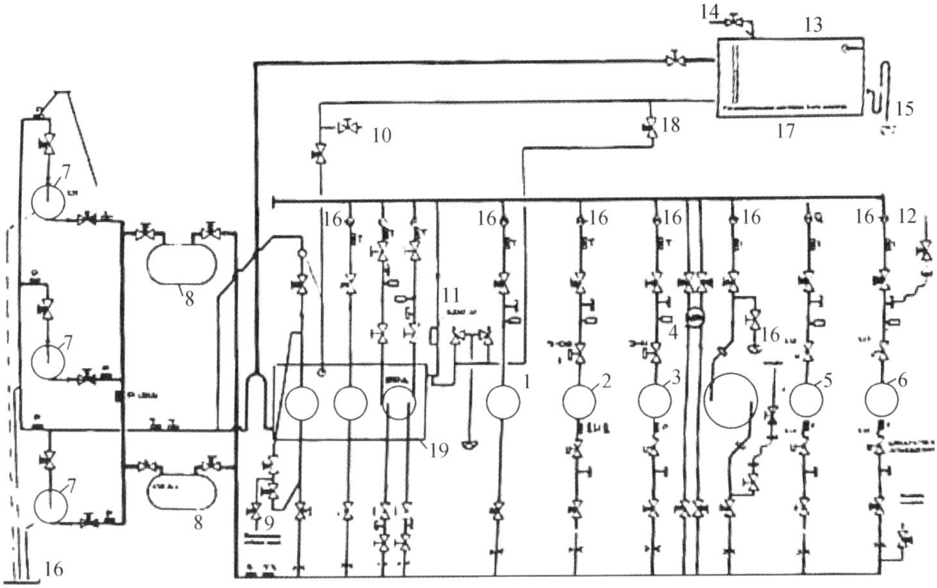

1—维修冷却水泵；2，3—主冷却剂泵 1，2；4—中子流探测器；5，6—主冷却剂泵 3；
7—第三回路冷却水泵；8—淡水冷却器 1，2；9—抽样区域；10—堆舱压缩空气系统；
11—传感器；12—注水和补水系统；13—第三回路扩展储存罐；14—来自水净化装置的引入管道；
15—脱水系统；16—流量计；17—监控区域的通风系统；18—安全阀；19—屏蔽水箱。

图 5-8　第三回路系统

· 中子流传感器 БДПН-12。

然后水到达排水收集器。第三回路的水从排水收集器进入水箱的中央上部，并且在冲刷核反应堆的潜水箱之后分成两路对称的水流：每一路水流接下来冲刷一和三回路过滤器的潜水箱，一回路离子交换器的热交换器、蒸汽发生器、稳压器和过载容器。从安装在水箱内设备的潜水箱提取热量之后，水从铁-水防护装置水箱重新进到第三回路系统水泵的吸入管线。

在扩展储存罐的上部接入了从屏蔽水箱引出爆炸性气体的管道。从扩展储存罐清除爆炸性气体是使用吹气系统将空气吹过扩展储存罐存水的水面，然后通过排风系统排出实现的。

在第三回路冷却系统中的水是高纯度的；第三回路最初的注水和补给都是从净化水装置通过第三回路扩展储存罐完成的。在压力降低到小于 0.5 MPa 时，第三回路的两台备用水泵自动启动工作。工作水泵和备用水泵之间是用压力收集器通过止回阀互相连接在一起的，这样可以防止水流经那些不工作的或者停机的水泵。安装在收集器里的安全阀能够防止在一回路设备的热交换器破裂的情况下，一回路的水大量进入三回路使屏蔽水箱损坏，其在压力为 0.6 MPa 时启动。

5.4 四回路系统

系统是用于泵送第三回路冷却器的船舷外水(图 5-9)。

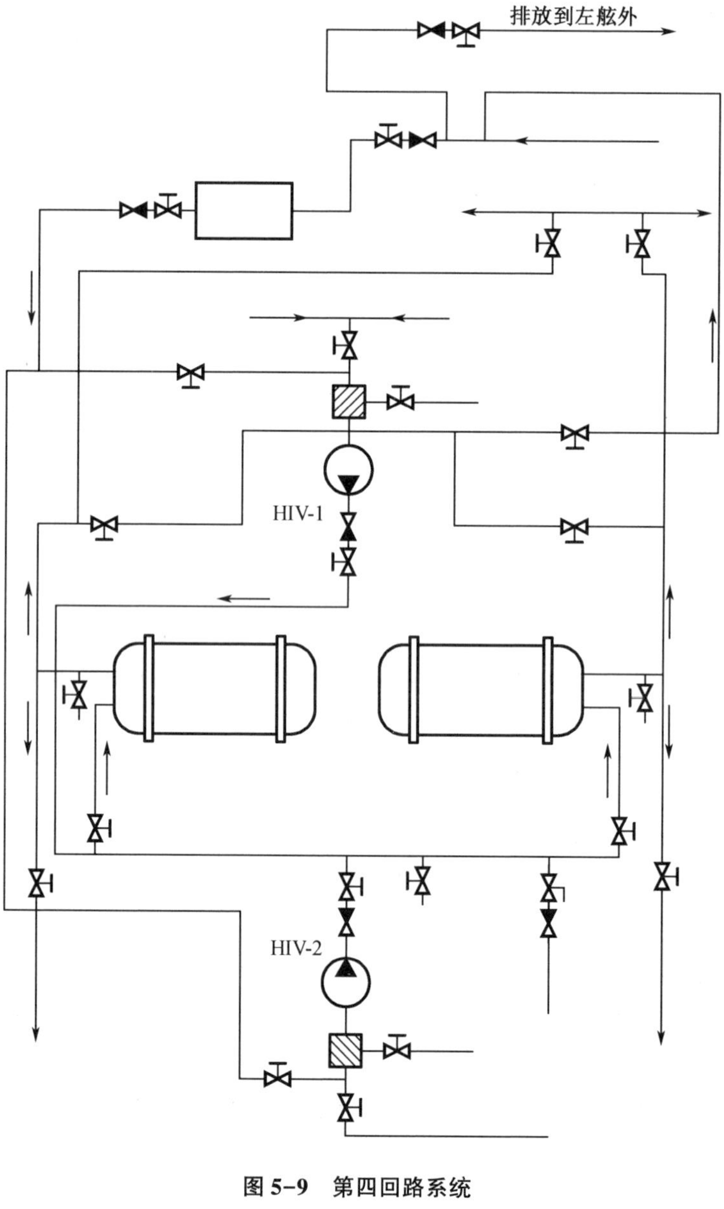

图 5-9 第四回路系统

它包括下列装置：

· 两台双速水泵，一台供水能力为 300 t/h，在快速模式下增压为 0.123 MPa，一台供水能力为 100 t/h，在低速模式下增压为 0.41 MPa；

· 从通用船上消防系统供水的管道；

· 机械过滤器、手动控制配件、监控仪器及管道。

从中央控制台的蒸汽涡轮装置控制面板进行第四回路水泵的控制，报警信号发送到中央控制台。船舷外水的循环是使用两台水泵中的一个通过从船头或者船尾的水箱所接收的水实现的，并且通过任何一个淡水冷却器的抽水，以及将水排放到水箱实现的。作为备用方案设计了从消防管线以 100 t/h 的量进行供水。在水泵以高速模式工作时，从配电板 RS 对水泵供电，而在低速模式下从配电板 ES 供电。在核反应堆事故防护系统启动的情况下，根据安全系统的启动信号保障了自动控制功能：水泵停止以高速模式工作，并且经过 10 s 之后启动低速模式下的工作，不工作的水泵立刻以低速模式启动。

设计了第四回路按照闭合回路的工作模式，使用第四回路水泵从船头的侧倾调节水箱接收供水，后续再将它排放回这个水箱。第四回路所提取的热量通过热交换和储存罐表面的辐射传递到周围的空间。这种工作模式在破冰船停泊进船坞（冷却模式）的情况下应用在停机的装置上。

5.5　补水和安全注射系统

系统可以分成两个独立的子系统：

· 一回路的补水系统（图 5-10）；

· 一回路的安全注射系统。

一回路的补水系统是用于完成下列的操作：

· 在正常工作状态和事故情况（流量很少）下，对一回路进行首次注水以及补给供水；

· 准备好联氨水合物溶液和氨水溶液，并把它们注入一回路系统中；

· 对一回路和第三回路的各阀门之间的空间进行液压测试实验；

· 对主蒸汽系统和供水系统的管道各区段，一直到第二密封机构，进行液压测试试验，包括蒸汽发生器腔体，以及对蒸汽发生器的第二闸阀、阀门和阀门之间的空间进行密封性检查；

· 向排水系统供冲洗水（型号为“K”的储存罐），以及向一回路净化系统供水；

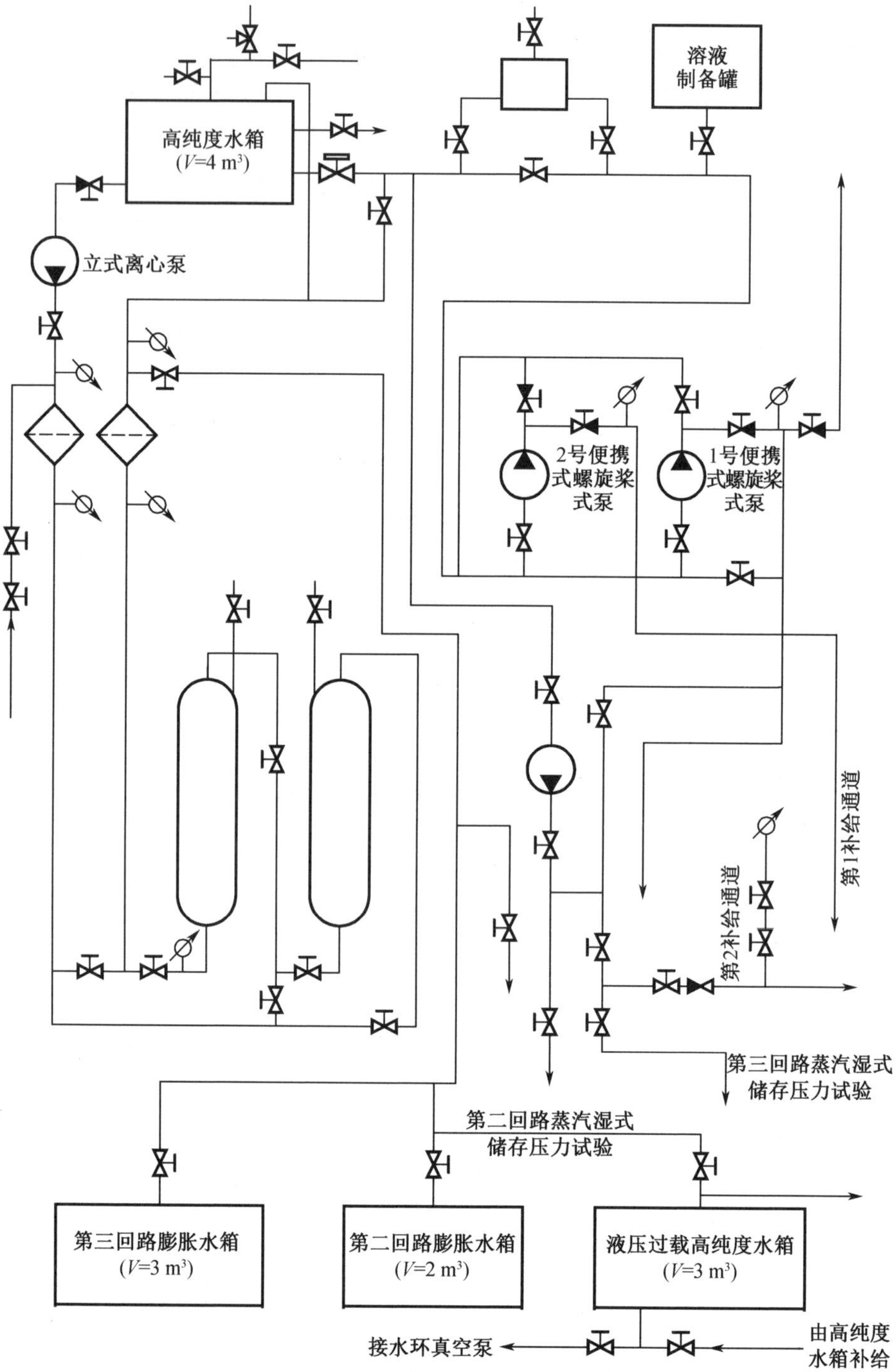

图 5-10　一回路补水和安全注射系统

· 一回路的排水；

· 向真空泵以及储存罐“K”的注水为高纯水。

在载热介质温度低于 100 ℃的情况下，一回路供水可以间接地从高纯水备用储存罐或者水的净化装置通过溢出管道供给到核反应堆。对于一回路系统的液压测试可以使用任何一个供水泵实现，或者使用通过阀门和回路的排水系统供水给一回路净化系统管道的淡水水泵实现。

在与一回路密封性破坏和稳压器中压力下降相关的事故情况下，设计了通过供水系统在“少流量”的模式下（1.2 t/h）向核反应堆供水的方式。稳压器的液位保持在不低于 12.5%。允许为了维持液位而使用两台活塞式供水泵。

一回路补水系统由下列设备构成：

· 两台型号为“ЭНТ 1/250-IM”的补水泵（供水能力为 0.33 kg/s，增压为 25 MPa，抽水高度为 0.05 MPa，泵轴的转速为 2 000 r/min，功率为 13 kW），主要用于一回路的注水和补给，化学反应物的注入，以及保障一回路的液压测试，也保障第二和第三回路带有关闭配件的管道段的液压测试；

· 一台型号为“НД 2.5-100/250К14А”的淡水泵（带有电动传动装置，供水能力为 0.028 kg/s，增压为 25 MPa，抽水高度为 0.03 MPa，转速为 1 500 r/min，功率为 3 kW）；主要用于一回路、供水系统以及第二和第三回路带有关闭配件的管道段的液压测试（通过增压试验）；

· 一个用于准备三升联氨水合物溶液和氨水溶液的储存罐；

· 用于存放联氨水合物溶液和氨水溶液的两个过渡储液箱，每个的容积为 10 L；

· 带有相应设备和监控测量仪器的管道。

在经过取样和其他操作之后对于溢出部分的补充是通过回路的排水系统在经过过滤器之后通过取样管道实现的，其他操作是指在一回路的温度超过 100 ℃的情况下与载热介质的流出有关的操作。

安全注射系统是用于在一回路的任何一个管道的密闭性丧失的情况下将必须数量的水供应给核反应堆的堆芯区域（一回路的泄漏，包括了直径不大的一回路管道横断面的完全爆裂）。在压力降低到 9.8 MPa 的情况下，安全注射系统自动启动（在装置启动的模式下，安全注射系统的启动条件调整为 6.9 MPa）。

安全注射系统包括三台高压电动循环泵（两台工作泵，一台备用泵，供水能力为 21.5 t/h，增压为 8.3 MPa）。安全注射泵被安装在主冷凝器的区域，在第 2 层底座上。

安全注射系统的工作介质是基本的备用供应水。一回路事故注水系统的工作是按照非闭合回路的方式实现的：备用供应水储存罐 3 或者 4，安全注射泵 НПр-1、НПр-2、НПр-3，一回路系统。任意的两台安全注射泵保障了将必须数量的水经过两条独立的管道供应给核反应堆的排放水箱和压力水箱。水泵 HΠp-3 将水供应到核反应堆的排放水箱,水泵 HΠp-1 则供应水到核反应堆的压力水箱。

安全注射系统的基本工作模式:系统长时间处于随时准备好启动的状态下,当接收到关于一回路存在泄漏的自动信号时自动完成对核反应堆的供水。向堆芯区域注水的核反应堆供水是由两个独立的渠道来保障的,并且以这种方法能够在任何地方在任何管道发生泄漏的情况下防止堆芯区域的“暴露”。在接收到一回路中的压力下降到 9.8 MPa 的信号之后,系统自动开始工作。根据“溢出”信号经过 2 s 之后自动打开向核反应堆的供水阀门。在一回路中压力下降到低于 3 MPa 之后,核反应堆堆芯区域的供水可以通过备用给水泵来实现。

备用给水泵具有下列参数:

· 供水能力为 5.6 kg/s;

· 增压为 4 MPa;

· 水的温度为 105 ℃;

· 抽水高度为 0.05 MPa;

· 功率为 49 kW。

5.6 一回路的除气系统

将气体从一回路的机械结构和设备(图 5-11)中清除的系统主要用于:

· 将一回路设备中的空气或者气体清除到“放射性废液”储存罐;

· 完成一回路的排水(补充脱水)。

对于空气和水清除的监控是借助于观察窗来实现的。

系统包括低压(1.5 MPa)和高压(16.5 MPa)管线,管线中带有下列的配件和设备:

· 观察窗;

· 带有管道的关闭配件;

· 节流设备;

· 监控测量设备。

低压管道管线包括经过节流设备之后的管道,以及一回路的工作介质向回路排水系统的引出管线。低压管线的防护是由安全阀来实现的,安全阀被调节在 0.18 MPa 的压力上,并能够直接向压气升液器区域泄放介质。

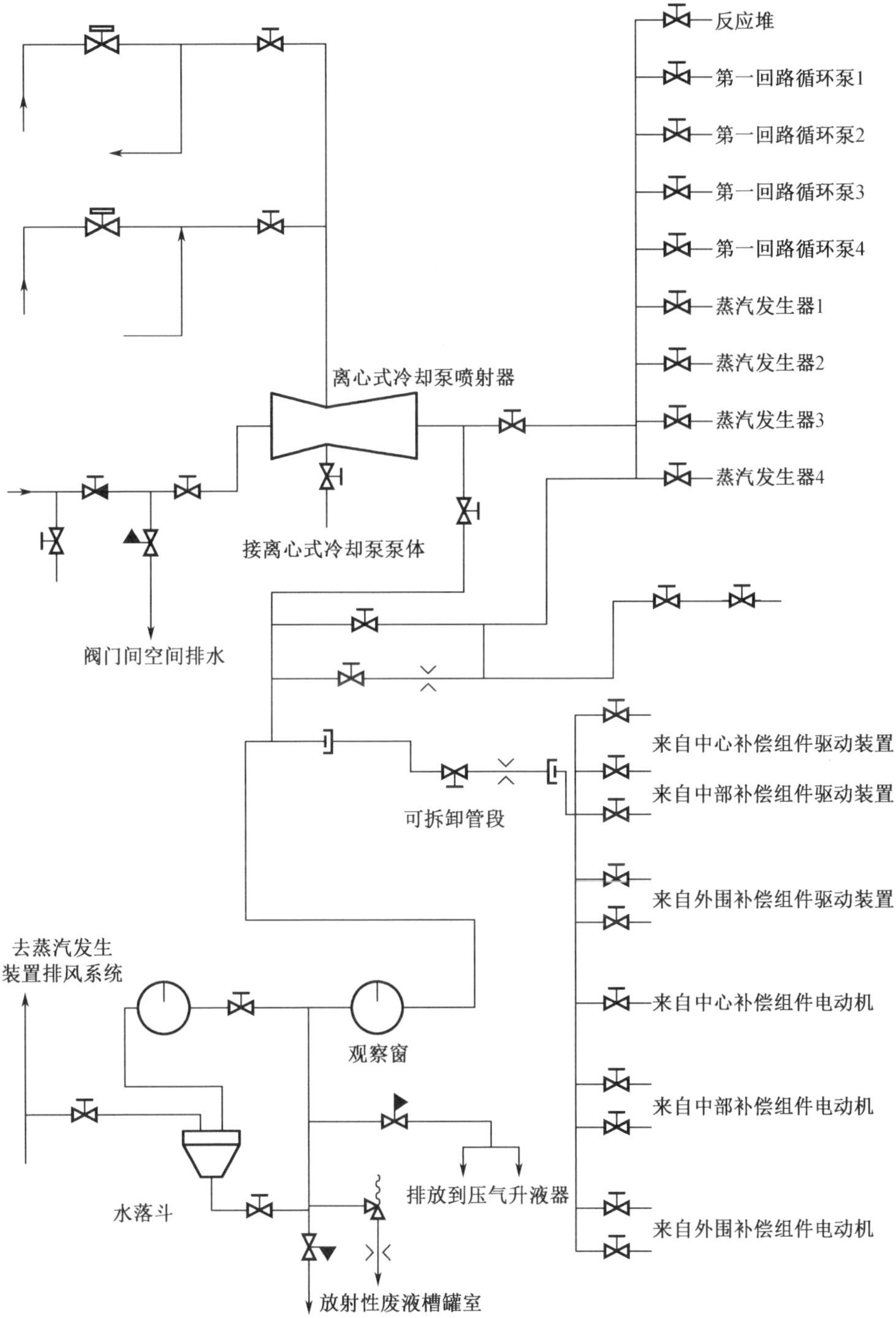

图 5-11　一回路除气系统

高压管线包括下列管道：

·从传动系统和补偿组件的电动机经过阀门传送到节流装置；

·从每一台蒸汽发生器经过安装在仪器舱纵舱壁上的阀门到达截止阀门和节流装置；

·从每一台一回路水泵经过安装在它们顶盖上的阀门到达截止阀门和节流装置；

·从相应仪器经过阀门到达截止阀门和节流装置；

·从维修冷却泵经过阀门到达截止阀门和节流装置；

·从一回路系统经过阀门到达截流装置；

·用于在关闭配件上探查泄漏点的管道。

在低压管线窥窗的前端通过带有阀门的跨接管和高压管线连通。跨接管在压力不高于 1.5 MPa 的情况下允许从一回路的管道和设备中清除空气。在压力高于 1.5 MPa 的情况下，必须检查在跨接管上的阀门是否关闭。

除气管道、配件和窥窗分布在一回路设备的上方，并且是不带有液压闸门的，这就保障了在从设备中清除气体的时候气体自由和稳定的上升。观察窗是用于在从设备和机械机构清除水与空气的过程中目视观察在它里面是否出现一回路的水。观察窗安装在仪器区域。在向一回路注水的过程中气体的排放是通过回路的排水系统借助于通过窥窗的目视监测实现的。在进行从一回路设备清除气体的操作时工作介质的温度应该不超过 80 ℃。

气体的排放是通过打开下列基本的机械装置和系统的相应阀门实现的：

·从核反应堆；

·从一回路水泵；

·从蒸汽发生器；

·从维修冷却泵；

·从一回路系统；

·从补偿系统；

·从中央补偿组件的管道；

·从中部补偿组件的管道；

·从外围补偿组件的管道；

·从中央补偿组件的电动传动装置；

·从中间补偿组件和外围补偿组件的电动传动装置。

在从一回路设备清除气体过程中，相应阀门的打开和关闭的次序在运行手册里有明确的说明。

5.7　一回路压力安全系统

系统的功能是在预备装置进入所有运行模式下的工作期间建立一回路系统中的压力。

在预备装置进入工作期间，一回路系统中的压力创建是借助于高压气体系统将气体供应到稳压器实现的。在一回路的冷却期间，高压气体系统仍保持和回路的连通，而从稳压器出来的载热介质返回到核反应堆，同时稳压器中的水位和压力降低到最初的值，也就是在启动之前的值。补偿系统的管道是用标号为 08X18H10T 的钢材制作的。

如图 5-12 所示，系统包括四台稳压器，在其中的 2 个上面安装有液位仪，15 个接收气瓶，气瓶分为三组，每组 5 个，每一个的容积为 500 L，气体压力在 25 MPa 以内。压力安全系统的工作气体为氮气。液位仪是安装在生物保护系统的上方稳压器的外罩内，这样可以在进行它的更换时避免拆卸整个单元（只需要拆卸稳压器的外罩）。

一回路系统中的压力是用安装在高压气体系统中的压力传感器监控的，传感器的信号发送到中央控制台和应急控制台。在一回路系统中压力升高到 14.3 MPa（145 bar）的情况下，信号系统操纵台启动，稳压器自动下降，并一直持续到报警信号的消失，在压力降低到 11.8 MPa（120 bar）的情况下，信号操纵台启动，并采取相应措施来恢复正常的压力。在压力升高到 15.7 MPa 或者降低到 11.3 MPa 的情况下自动启动事故防护系统。

为了监控在稳压器中的液位安装了模拟-离散型液位传感器。在工作液位升高到 70%或者液位下降到 55%的情况下，信号操纵台启动，并且采取相应的措施查明原因以及恢复稳压器中的正常压力。

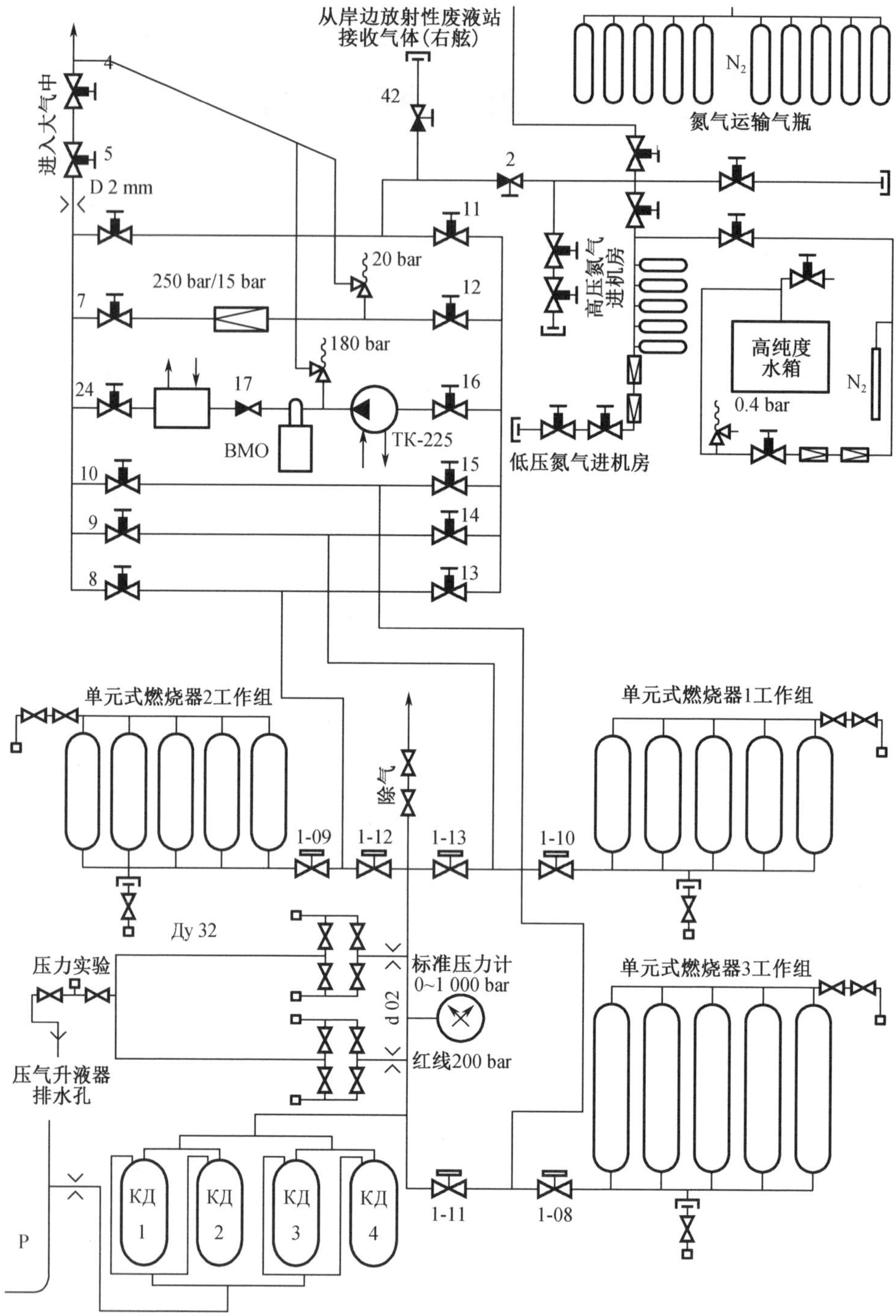

图 5-12　核反应堆装置的高压气体系统

5.8 反应堆装置辅助系统

非密封的蒸汽发生器二回路的超压保护系统,在必要的情况下,每一台蒸汽发生器的二回路腔体和一回路系统连通在一起(从一回路到二回路有水的微小泄漏情况下)。这是一个一次性使用的系统,在极其罕见的情况下使用。每一台蒸汽发生器在防护外罩的上面安装有“穿孔机”,它被专门的保护外壳封闭。穿孔机的支管与蒸汽发生器供水引入管道和一回路腔体的气体清除管道相连接。在这种情况下,一回路的腔体就处于穿孔机的分离隔膜下方,而二回路腔体则在分离隔膜上方。回路排水系统如图5-13所示。

在二回路腔体存在载热介质轻微泄漏的情况下,在非密封蒸汽发生器的封闭组件切断后,由于没有密封的通过截面很小,第二回路的水在加热膨胀的情况下来不及溢出到一回路腔体,在这种情况下二回路腔体中的压力可能会升高。

在被切断的蒸汽发生器二回路腔体压力升高的情况下,并且二回路具有轻微的泄漏达17.7 MPa,第一二回路腔体能够可靠连接是借助于对应这台非密封蒸汽发生器的“穿孔机”保险隔膜的破裂实现的。

一回路的排水系统是用于一回路系统的排水以及净化和冷却系统的压力解除。排水和脱水是利用气体的压力实现的,气体是从高压气体系统向回路提供的,并伴随着通过排水管道向放射性废液储存罐和回路水收集罐的载热介质排放,回路水收集罐的总容积为16 m^3,并安装在放射性废液储存罐的区域。从一回路设备到放射性废液储存罐的排水管道铺设在蒸汽发生装置机组、仪器室和放射性废液储存罐的区域,这个区域具有生物保护系统。对于排水的监控是通过在控制阀门工位上的观察窗实现的。在放射性废液的排出管道上设计了具有远程控制功能的封闭阀门,在软管中发现泄漏的情况下,这个阀门被从开放的甲板上关闭。系统的基本封闭配件具有在中央控制台和阀门控制工位上的带有记忆电路的状态监测光信号报警系统。

淡水装置的冷却系统适用于高压气体压缩机、一回路系统的给水泵、抽样设备的冷却,并且是整船中央冷却系统的组成部分。

压缩空气系统用于获得满足堆舱需要的干燥净化空气,并将它保存和供应给堆舱的用户单元。压缩空气系统能够保障向下列用户单元供应空气:

· 回路排水系统,0.8 MPa;· 堆舱区域的干燥系统,0.3 MPa和0.8 MPa;

· 防疫消毒间的储存罐,0.3 MPa;

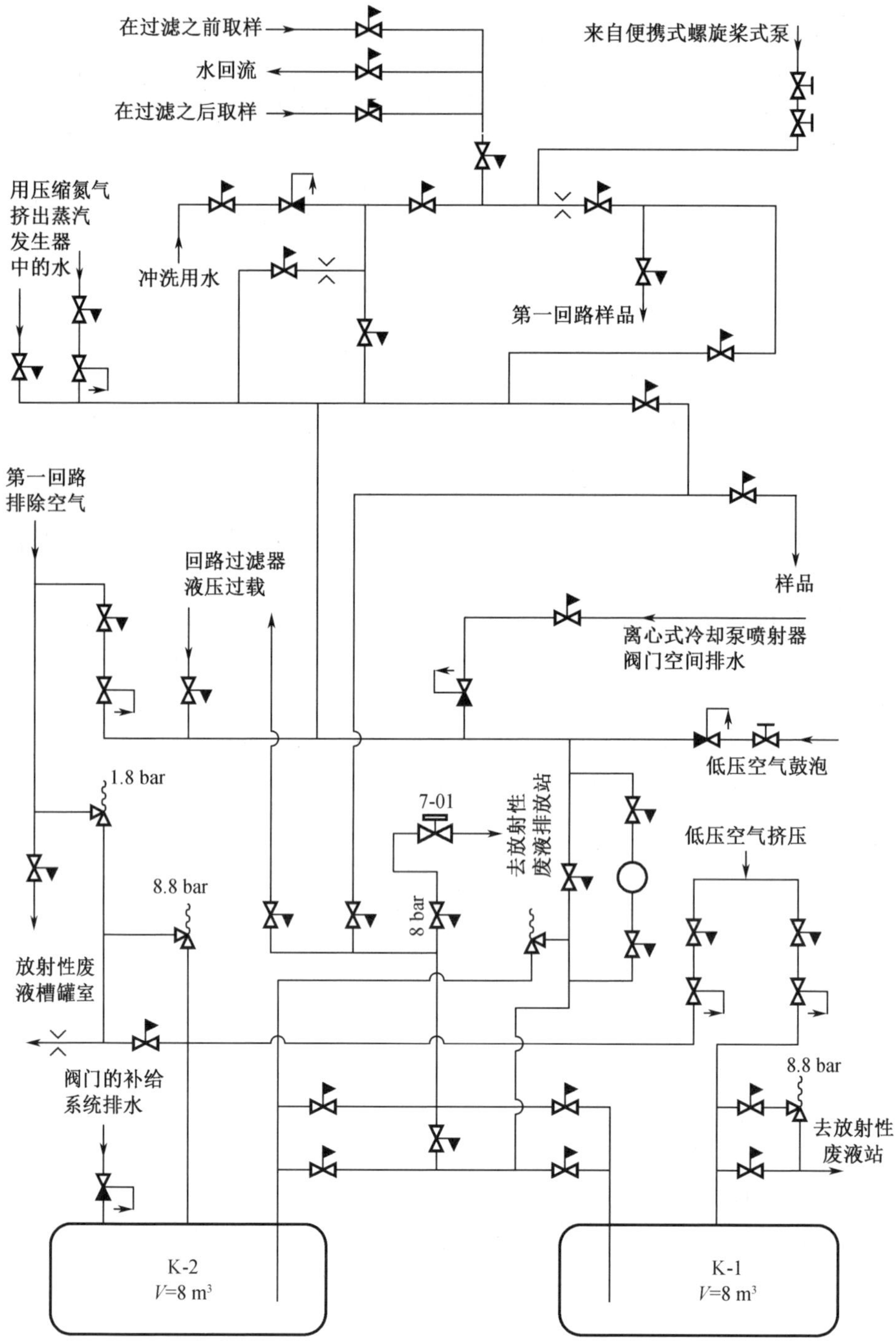

图 5-13　一回路排水系统示意图

· 对于放射性废液排放管道的吹洗,0.8 MPa;
· 放射性污染清除系统,0.2 MPa;
· 自动化装置系统,20 MPa;
· 通风系统顶盖的加压系统,0.3 MPa;
· 舱门的液压关闭系统,20 MPa;
· 气动工具的工作需要,0.8 MPa;
· 事故冷却系统储存罐,0.3 MPa;
· 屏蔽水箱的干燥,0.8 MPa;
· 泄漏区段的探查系统,0.8 MPa。

堆舱的压缩机以6 MPa的压力(供气能力为120 m^3/h)将空气供应到应急柴油发电机启动气瓶,同样也向自动化装置的采样取水器和监控测量仪器工作室供应4.5 MPa的气体。系统包括两台自动化的压缩机,奥地利"雷奥维烈多菲尔"股份公司生产的,型号为V 17 /5518. L 20(5级的,5个圆柱形活塞的简单动作压缩机,带有空气冷却功能,生产率为0.028 m^3/s,加压压力为20 MPa,所使用的电流功率为32 kW,主轴的转速为980 r/min)。

空气从压缩机通过两个干燥和吸收式的净化单元被输送到堆舱的高压系统,防护隔离区的干燥系统区域,6个200 L的气瓶,也输送到用于储存的两个容积为200 L,20 MPa压力的压缩空气气瓶,压缩空气气瓶与压缩机并排放置。

为了收集从压缩机、干燥单元和气瓶的吹洗废物设计了两个用于冷凝液与乳化液的储存罐,容积为200 L,并被放置在压缩机附近。压缩机具有自动控制功能。

报警信号系统根据下列参数启动:
· 露点温度为零下50 ℃;
· 在气瓶中的压力低于10 MPa;
· 在压缩机中的油压低于0.15 MPa;
· 压缩空气的温度高于180 ℃。

压缩机的停机是根据压缩空气温度(高于180 ℃)和油压(低于0.15 MPa)来操作的。在气瓶上具有安全阀,而在管道里则具有减压阀门,止回阀和不可回流-封闭阀门。

向远程控制的配件供应空气的系统包括6个高压气瓶,容积为400 L(4个)和200 L(2个)。

核反应堆舱的通风和空调系统是与在船上的其他通风系统独立制作的,它能够服务于监控区域的三组场地:
· 属于第1组场地的是第一类场地(仪器区域,核反应堆装置区域);
· 属于第2组场地的是,第1类场地(仪器区域,放射性废液储存罐区域,以

及“本地抽吸”区域)和第2类场地;

·属于第3组场地的是第3类场地。

对于所有三组场地接收空气的位置被放置在左船舷。送风风扇被安装在“干净的”风扇区域。从第一和第二类场地,以及从本地抽吸场地空气的排出口被放置在主桅杆上,高度为第四舰桥之上21.4 m,而且带有三个独立的排放通道。从第三类场地空气被排出到操舵室上方高度为3 m的烟道中。第一和第二类场地的抽吸风扇安装在右船舷上,处于“脏污的”风扇区域。第一和第二类场地的通风系统需要用这样的方式实现,就是要保障空气的运动方向是经过非密封的结构区域和周期性开放的门孔朝向比较“脏污的”区域,为此在第一类的场地上需要维持减压到400 Pa,对于蒸汽发生装置的场地则不超过500 Pa,而对于第二类场地则为100~300 Pa。对于第3类场地则不需要减压。仪器区域和放射性废液储存罐区域的通风系统是人工的进-排风系统,在正常条件下以开放的循环方式工作。将系统从开放式循环切换到封闭式循环是通过手动完成的。在这种模式下不需要维持减压。输送到仪器区域的空气在卫生消毒过滤器中被净化,冬季在具有自动维持出口处空气温度的电子加热器中被加热。在一回路出现泄漏和场地的压力升高到0.004 MPa的情况下,仪器区域的通风系统可以工作在闭合循环模式下。在这种情况下,外部空气的供给阀门将关闭,一直持续到在仪器区域的压力达到0.001 MPa,送风风扇关闭,并且场地的通风是由抽吸风扇完成的,抽吸风扇是通过空气冷却器和过滤器工作的。所有的通风和抽吸风扇都具有在风扇区域的本地控制系统,以及带有关于它们工作状态的信号系统的中央控制台控制系统。设计了在抽吸风扇不工作的情况下送风风扇的启动屏蔽装置。第一和第二类场地的通风系统具有送风和抽吸风扇的备份系统,并且具有备份风扇的自动启动功能(在工作风扇停机的情况下,相应的设备会自动地打开和关闭)。用两套通风装置设计了通过粗糙和精细的净化过滤器给充气密封衣的供气系统,密封衣是用来在监测区域完成工作的,在这个区域有放射性气体和气溶胶向空气环境的排放,并且浓度超过允许的值。

被监测区场地的专门通风系统根据保障核安全的原则完成下列功能:

·建立空气从更“清洁的”场地向更“脏污的”场地的流动方向,这是为了限制放射性气体和气溶胶向相反的方向扩散;

·通过精细的净化过滤器清除放射性气溶胶,减少它们在场地中的浓度,并且防止它们向大气的排放。

空气从第一和第二类被监测区场地的排放是在舰桥之上20 m的高度沿着三条独立的通道进行的:

(1)蒸汽空气混合物通过阀门AC-1的事故排放通道;

(2)下列第一类被监测区场地的通风通道:仪器区域,核反应堆场地,放射性

废液储存罐场地,本地抽吸场地;

(3)第二类被监测区场地的主桅杆基本截面上的单独通道。

仪器区域的通风系统工作在下列模式下:

· 没有净化的开放循环或者带净化的在气溶胶过滤器上的排放空气循环;

· 带循环空气冷却的闭合循环,包括带有净化的或者在气溶胶过滤器上不带净化的循环。

从蒸汽发生装置区域清除空气是以带有冷却的,并且后续必须在气溶胶过滤器 ФП-500 上进行净化的方式实现的。通过在主桅杆内的单独通道向大气排放空气,本地抽吸的风扇排放空气也是通过这个通道。

排放的允许极限值和在达到这些取值时所采取的措施见表 5-2。

表 5-2　排放的允许极限值和在达到这些取值时所采取的措施

序号	排放量	采取的措施
1	3.7×105 Bq/m^3(10^{-8} Ci/L)	切断防护套
2	3.7×102 Bq/m^3(10^{-11} Ci/L)	启动过滤器或者将防护套通风系统切换为封闭循环
3	3.7×104 Bq/m^3(10^{-9} Ci/L)	转换为防护套通风系统的封闭循环

停泊在港口的情况下,放射性颗粒的允许排放极限是有专门额定标准规定的,见表 5-3。

表 5-3　放射性颗粒

	成分	排放量/(Bq/a)	排放量/(Ci/a)
在运行情况下	放射性惰性气体	2.9×10^{12}	78
	碘	2×10^{7}	2.9×10^{-3}
	放射性气溶胶	1.3×10^{9}	3.5×10^{-3}
在过载和一回路泄压的维修情况下	放射性惰性气体	2.2×10^{12}	60
	放射性气溶胶	1.8×10^{10}	0.5

防护外壳内的故障抑压系统是由泄放压力的第一峰值到大气中的阀门 AC-1(ДУ 800)和防护外壳的干燥系统构成的。泄放阀门安装有气动传动装置,并具有远程的自动控制系统和手动控制系统。

防护外壳的干燥系统是用于蒸汽冷凝,降低在事故区域的故障压力,以及从蒸汽空气混合物中清除放射性颗粒。它包括两个水泵(其中一个为备用水泵)、容积为 100 m^3 的备用淡水储存罐、管道和其他配件。

堆舱的注水系统的主要作用是防止防护外壳的检修损坏,以及当船舶进入到深水区时,在出现事故情况下从核反应堆装置中引出剩余的热量。系统由下列组件构成:两条安装在两侧船舷的直径为 300 mm 的管道、两个保险塞子、两个单向舌阀,以及直径为 600 mm 的连通仪器区域、单元下方空间及保险单向阀的管道。

在船舶下水航行期间如果发生事故,则堆舱的灌注是通过将纵向和横向舱壁中的薄弱环节炸开,使船舷外水流入到单元下方的空间来实现的。仪器区域是通过接收和排放空气的通风管道进行灌注的。在蒸汽发生装置的区域船舷外水的压力达到 5 m 水柱的情况下,直径为 600 mm 的保险单向阀启动,并且船舷外水从蒸汽发生装置区域流入仪器区域。

消除放射性污染系统是用于在 1、2、3 类的区域清除放射性的污染。区域和设备表面的放射性污染危险性由下列因素所确定:

· β 粒子流的外部辐射;

· 物体的放射性污染;

· 在空气中放射性气溶胶的出现。

为了去除放射性污染,在船上安装了去放射性污染系统,它由预备溶液组件(在堆舱的外部)、管道和辅助配件构成。系统能够向第一和第二类区域的任何场所提供去放射性污染溶液、水和蒸汽。为了在第三类区域清除放射性污染使用了可移动的手段。在专门的操作场地将微小可拆卸的设备放在特殊的浴槽里进行去放射性污染操作。去放射性污染溶液是根据专门配方、工艺和相应的文件所制定的安全规则进行配制的,这些文件都存放在国家图书馆管理局。

蒸汽发生器冲洗系统的功能是使用湿蒸汽和水对蒸汽发生器进行冲洗,目的是从蒸汽发生器二次侧的表面清除在工作过程中所残留的盐分。

为了完成蒸汽发生器的冲洗使用了下列系统(它不具有自己的管道):

· 主蒸汽和辅助蒸汽系统;

· 升汽系统和冷却系统;

· 二回路的供水管道系统;

· 二回路的冷凝液管道系统。

对蒸汽发生器进行冲洗的基本方法是湿蒸汽冲洗法。如果蒸汽发生器参与了装置的冷却,也就是说在停机过程为了降低一回路的温度到 100 ℃,供应水会注入蒸汽发生器中,在这种情况下,冷凝液的盐含量不会超过 1.0 mg/L,这时不需要进行专门的冲洗。

向远程控制配件提供做功水的供应系统包含了两个气动液压储存罐,容积为 300 L,工作压力为 4.5 MPa。

放射性废液的收集和清除系统。液体的放射性废料按照放射性可分成两组:中等放射性和弱放射性的。

为了收集和保存放射性废液设计了三个储存罐(两个回路水储存罐“К”,容积为 8 m^3,以及一个去放射性污染和脱水储存罐“Д”,容积为 15 m^3),它们放置在第二层底座上的放射性废液储存罐区域,并且具有生物保护系统。为了收集和保存卫生消毒间的消毒水,特别安装了卫生消毒间的储存罐,容积为 15 m^3。放射性废液的收集和清除系统要防止将水从中等放射性储存罐泵送到弱放射性储存罐的可能性。放射性废液的清除只能依靠专门的转运船或者岸上的基地来完成。

5.9 反应堆装置辅助设备

在核反应堆事故防护系统启动的 1 min 时间内事故供水泵(2 台)(АПН1、АПН2)就启动工作。

高压安注泵(离心式的,注水能力为 221.5 m^3/h,压力为 88 bar,功率为 145 kW)3 台。

堆舱通风系统的船舷外水水泵(离心式的,型号为“JMW”,注水能力为 150 m^3/h,压力为 5 bar,功率为 42 kW)(2 台),在压力收集器中的压力降低到小于 3.5 bar 的情况下,能够在 5 s 的延迟时间内自动启动。

堆舱空调系统的船舷外水水泵(两台),在压力收集器中的压力降低到小于 3.5 bar 的情况下,能够在 5 s 的延迟时间内自动启动备用水泵。

对于中央动力舱段的蒸馏液供应水泵(离心式的,供水能力为 3 m^3/h,压力为 5 bar,功率为 2.6 kW)。

堆舱的冷却用船舷外水水泵(双速的,离心式的,第一速度为 300 m^3/h,压力为 4 bar,功率为 50 kW;第二速度为 100 m^3/h,压力为 1.1 bar,功率为 9 kW)2 台。

堆舱高压空气压缩机装备有在压力低于 100 bar 时的自动启动系统,以及在压力高于 200 bar 时的自动停机系统。在油压下降到 1.5 bar,以及压缩机出口处空气温度高于 180 ℃的情况下,发出停机的保护指令。

离子交换树脂的液压换装泵(工作能力为 15 m^3/h,压力为 10 bar,功率为 14 kW)。

5.10 反应堆极端事故情况下的保护设施

在破冰船上设计了下列辐射防护措施：

·重要的离子辐射源被放置在生物保护系统中；

·破冰船的区域被分割成放射性区域、监控区域、观察区域和非限制区域；

·在放射性物质传播的路径上设计了防护屏障；

·设计了专门的通风系统，去放射性污染系统，放射性废料的收集、储存和排出系统；

·在与离子辐射相关的工作中必须应用个人性的防护措施；

·实施了放射性测量和定量测量的监控技术；

·在和离子辐射源有关的工作中保障了强制性卫生检查模式的实施；

·船上装备了专门的安全系统，用于防止放射性事故的发生，以及对事故的遏制、定位和清除事故的后果（核反应堆可靠的关闭，堆芯区域的冷却，以及放射性产物向周围环境排放的减少）。

堆舱设备和冷却区域的示意图如图5-14所示。核动力蒸汽发生装置的防护由第1层屏蔽水箱和第2层防护-气密舱壁构成，舱壁将反应堆及一回路系统的区域和其他核动力装置的区域分隔开来。它起到了热防护的作用，并且限制了中子流到达核反应堆外壳。屏蔽水箱被连接到冷却系统，即第三回路。屏蔽水箱是一个钢制容器，里面注满了循环水（载热介质），在水里面放置了总厚度为500 mm的钢制挡板。在铁水防护水箱里的潜水箱里安装有核反应堆、主冷却剂泵、蒸汽发生器、稳压器、过滤器冷却器和一回路过滤器。

第二层防护由钢和混凝土制成，按照核动力蒸汽发生装置的高度建造成形。第二层防护的最后一层是由混凝土制作的。在仪器区域的垫板由蛇纹石混凝土和总厚度约为1 m的钢板制成。在仪器区域垫板的上方是观察区防护装置，它是由钢和聚乙烯的防护层构成的。在屏蔽水箱顶盖和仪器区垫板之间安装了本地的防护装置，它由混凝土预制板构成。

这里设计了5种安全屏蔽。

第一个屏障是燃料芯块，里面含有核燃料。

第二个屏障是燃料包壳。一回路载热介质放射性的极限值为10^{-2}Ci/kg（按照碘的数量）。吸热组件外罩的密闭性的监控是基于对一回路载热介质放射性的测量，测量使用固定的仪器：探测单元 БДМГ-33（用于记录伽马辐射）和БДПН-12（用于记录中子），БДМН-06（中子流）安装在蒸汽发生器的外罩上。

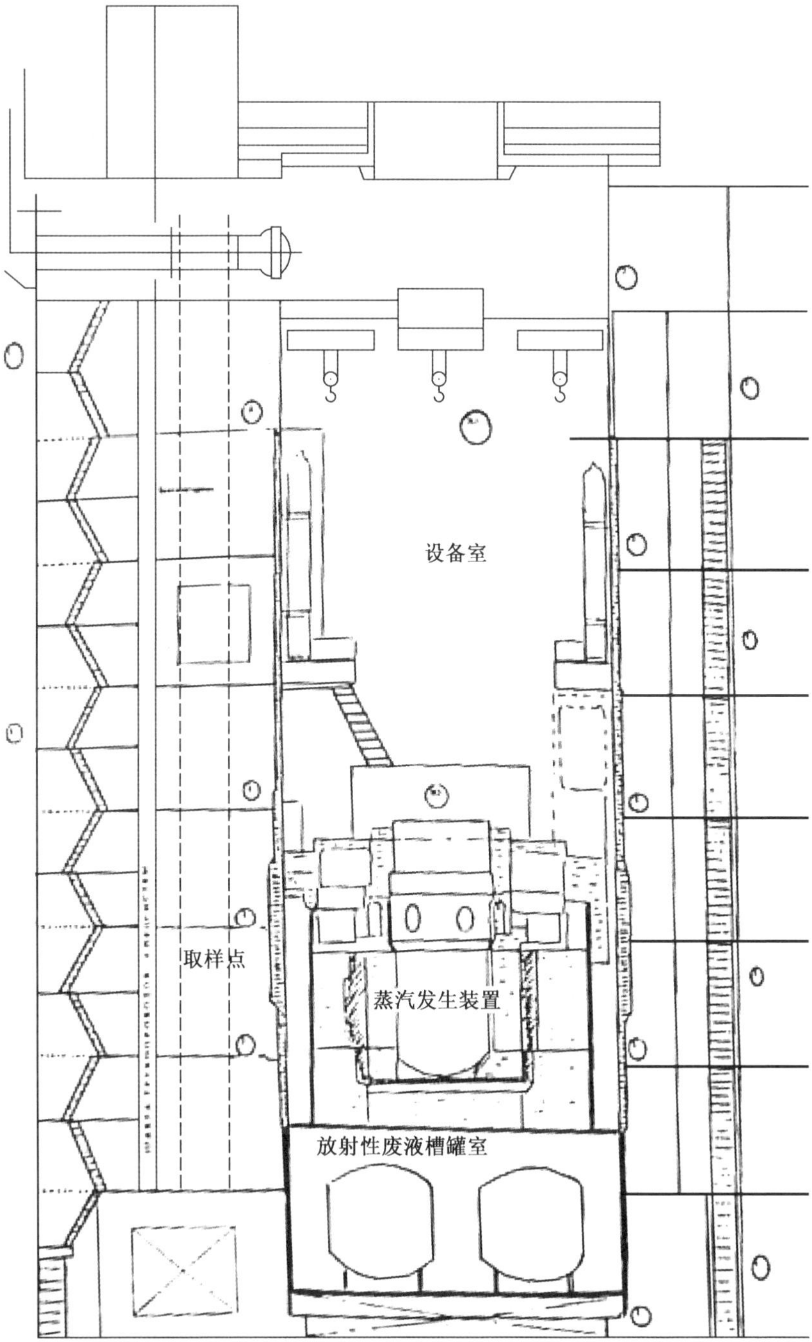

图 5-14　堆舱设备和冷却区域的示意图

第三个屏障是含有载热介质的密闭性管道、组件和一回路系统的设备。载热介质可以向二回路和三回路，以及向周围的空间泄漏。在向二回路泄漏的情况下，放射性的载热介质到达蒸汽和冷凝液供给系统。

放射性物质将集聚在下列设备中：主冷凝器、辅助冷凝器和启动冷凝器、除氧器、二回路离子交换器。从一回路向二回路泄漏的监控是通过下列方法实现的：

·测量主冷凝器抽气器发出的蒸汽空气混合物的体积放射性，测量使用探测单元 БДГБ-02；

·测量从每一个蒸汽发生器后端管道，以及从每一个船舷的两台蒸汽发生器后端的总管道所发出的 γ，测量使用探测单元 БДМГ-33；

·测量从二回路离子交换器发出的 γ 辐射剂量的注量率，使用探测单元 БДМГ-05；

·在一回路向二回路的泄漏很大时，探测单元生成指令信号用于自动切断事故蒸汽发生器。

第四个屏障是核反应堆的安全壳，它包括了仪器区域和蒸汽发生装置。安全壳的结构可承受 0.2 MPa 内部压力。在一回路的载热介质泄漏很大时，根据下列信号，安全壳将与周围环境断开：

·安全壳内的压力高于 0.04 bar；

·在安全壳内的和主桅杆排放的空气的放射性超过事故设定值。

设计了通过排放阀门 AC-1 降低安全壳内压力的系统，在安全壳内的压力过剩，达到 1.5 bar 时，排放阀门和安全壳的干燥系统会自动开启。在核反应堆的正常工作状态下安全壳内要维持比其他区域更大的负压。安全壳是用厚度为 32 mm 的钢板制作的，除了放射性废液储存罐区域的底板外，这个底板是用厚度为 60 mm 的钢板制作的。安全壳的容积约为 400 m^3。安全壳能够承受设计的最大事故条件（内部压力为 0.2 MPa，蒸汽空气混合物的温度为 120 ℃）。这个外套（以及固定外套在船舶壳体上的甲板，以及围板）能够承受船舶在垂直方向上为 $12g$，而在水平方向为 $6g$ 的冲击加速度作用。安全壳结构的最大负荷是在整船浸没的情况下所产生的外部压力确定的，对于蒸汽发生装置区域和仪器区域，约为 4 bar，条件是安全壳周围空间浸没在水中，并且甲板没有损坏。为了阻挡放射性产物，在设计的最大事故条件下安全壳具有足够高的密闭程度：舱门的关闭、门口闸、厚重的门、焊缝、贯穿件、电缆箱、观察窗、带有截止阀的通风管道、泄放阀门 AC-1。

第五个屏障是放射性产物向周围空间扩散路径上的最后一道屏障。它是由防护性的隔离层实现的，这个隔离层与堆舱的边界重合，是用不透汽水的围板、甲板和其他结构组成的。在第四和第五个屏障之间的所有区域都必须保持恒常的通风。对于通风系统中存在放射性物质的监控是通过放射性监控系统“巴罗尼”的固定传感器实现的。

装置上装备有大量的安全系统的技术设备，以及保障安全的重要系统。它们包括：

· №1,2,3 高压注水泵；

· №1,2 事故供水泵；

· 启动冷凝器的电动冷凝液泵；

· 堆舱的电动机；

· №1,2 备用给水泵；

· №1,2 堆舱船舷外水的冷却水泵；

· 启动冷凝器的船舷外水备用水泵；

· №1,2 主汽轮发电机的速关阀；

· №1,2,3 辅助柴油发电机；

· №1,2 应急柴油发电机；

· №1,2 低压蒸汽发生器的截止阀门；

· 除氧器的新鲜蒸汽速关阀；

· №1,2,3 海水淡化装置截止阀门；

· №1,2 辅助汽轮发电机的发电自动装置。

为了按照所要求的程序在事故条件下控制上述设备，设计了安全系统的启动系统。在接收到安全防护系统的报警信号时，安全系统的启动系统完成下列操作：

· 如果在配电板 RS1(2)上的电压超过额定值的 85%，则启动备用给水泵 1(2)，如果总线电压在 2.5 s 的时间内超过了 85%，且配电板 RS1(2)上的电压低于额定值的 85%，则将事故供水泵 1,2 接入到配电板 ES1(2)上；

· 在配电板 ES1(2)的电压下降到低于额定值的 85%的情况下，关闭辅助汽轮发电机 1,2(或者转速低于额定值的 94%)；

· 关闭低压蒸汽发生器 1,2 的速关阀 1,2，除氧器和海水淡化装置№1,2,3；

· 切断第二和第三类区域的堆舱用户单元(所有主冷却剂泵的高速绕组，压缩机供电配电板，供水泵以及风扇和其他装置)和配电板 MS1(操舵机水泵，主汽轮发电机和推进电机的中央冷却水泵)；

· 启动辅助柴油发电机№1,2, 3 的备用柴油发电机和№1,2 应急柴油发电机；

· 如果在配电板 ES1(2)上的电压高于额定值的 85%，则在配电板 ES1 上将堆舱船舷外水冷却水泵切换到低速模式，并且经过 10 s 之后启动；如果在 2.5 秒的时间内配电板 ES1(2)上的电压高于额定值的 85%，则启动备用冷却冷凝器

РЦН-15。

在接收到“注水”信号时,在上述的控制上还要补充下列的操作:

· 如果辅助柴油发电机的电压超过了额定值的85%,以及转速超过额定值的94%,则切断辅助汽轮发电机2的发电自动装置;

· 将辅助柴油发电机1,2接入到配电板RS1,2;而辅助柴油发电机3接入到MS1;

· 在辅助柴油发电机1,2接入到总线之后,启动注水泵НПР1,3;

· 启动注水泵НПР2,并将它接入到压力不足的管线;

· 切断主电动冷凝液泵1,3。

第6章
反应堆装置主要运行工况

6.1 核反应堆装置一回路运行模式的特性

关于核反应堆装置一回路系统的运行设计了下列基本模式：

· 启动模式；
· 正常工作模式；
· 停机模式；
· 特殊条件下的工作模式；
· 保存模式。

1. 一回路系统的启动关键是通过主冷却剂泵的启动创建水的循环，并且在后续的过程中对载热介质进行加热。加热是依靠核反应堆的热量实现的，核反应堆被调节到最小功率。4台稳压器保障了核反应堆的载热介质热膨胀沿着管道进行。加热过程在载热介质的压力和温度参数达到了自己额定值的平均水平时终止，而在稳压器内载热介质的液位也达到额定值。

2. 正常工作模式是借助于载热介质的循环实现的，而这种循环是依靠所有的主冷却剂泵以高速模式运行达到的；功率从一个台阶向另一个台阶的切换是通过改变供应水的流量实现的。在主冷却剂泵或者蒸汽发生器失效的情况下，允许一回路系统在主冷却剂泵和蒸汽发生器工作数量减少的情况下工作。

表6-1　在主冷却剂泵和蒸汽发生器各种工作数量条件下一回路允许的功率水平

在主冷却剂泵和蒸汽发生器各种工作数量条件下一回路允许的功率水平允许功率/%	工作主冷却剂泵和相应的蒸汽发生器数量额定数量的百分数						
	4台主冷却剂泵，高速模式	3台主冷却剂泵，高速模式	2台主冷却剂泵，高速模式	1台主冷却剂泵为高速模式，剩余的为低速模式	4台主冷却剂泵，低速模式	3台主冷却剂泵，低速模式	2台主冷却剂泵,低速模式

表 6-1 （续）

允许功率	100	75	50	33	只在主冷却剂泵从低速模式转成高速模式，或者相反的期间	33	20	15
预警信号（设定值）	110	83	55	36		36	—	—
事故防护信号（设定值）	120	90	60	40		40	24	22

6.2 一回路系统的启动运行

为了保障一回路系统的启动运行，必须将它恢复成初始状态。为此需要按次序完成下列操作：

· 系统的注水液位必须达到不低于主支管的下边沿；

· 保障对一回路各项参数（压力，温度，稳压器内的液位，载热介质的放射性）的监控工艺；

· 给过滤器加载离子交换剂；

· 打开阀门 1-01，1-03，1-06 和通气开关 1-05，1-07，关闭阀门 1-02 ，1-04 关闭；专门的通气开关“穿孔机”1-30，1-31，1-32，1-33 处在“打开”的状态（它们的隔膜是密闭性的，从外部有外罩封闭，并做了封口处理）；装置上的换气口和采样系统的通气开关是处于关闭状态。

为一回路提供服务的系统应该处于随时准备好工作的状态。

必须向一回路系统注水，并且完成气体的清除，为此需要做下列操作：

· 打开阀门和净化冷却系统的通气开关 1-01，1-07，以及在装置上（除了补偿组件的管道以外）的换气孔和气体清除系统（关闭一个换气孔然后打开下一个的时间间隔为 1~2 min，并且要在除气管道的观察柱内出现连续的水流之后才能进行）；

· 关闭在设备上的换气孔和观察柱前端的通气开关；

· 通过从高压气体系统经过减压器向稳压器的供气，在一回路系统中建立 0.98~1.47 MPa 的压力；通过按次序地打开和关闭核反应堆、蒸汽发生器、余热排出泵、主冷却剂泵、热交换器和补偿组件管道的空气排放阀门（换气孔），将稳压器中的水排出，使其中的水位下降到大约 40%。从单一设备进行排水的时间应该不少于 1~2 min。

经过减压器向稳压器进行供气能够维持压力为 0.98～1.47 MPa。将一回路的配件调整回最初的状态。启动主冷却剂泵以低速模式开始工作。经过 30 min 以后关闭所有的主冷却剂泵，并维持一回路系统运转 20～30 min。在主冷却剂泵不能启动的情况下，水泵的工作时间应该具有下列的值：

· 3 台主冷却剂泵工作，为 35 min；

· 2 台主冷却剂泵工作，为 40 min。

气体的清除需要按次序的打开和关闭核反应堆、蒸汽发生器、主冷却剂泵、热交换器、补偿组件管道、余热排出泵以及余热排出泵的抽吸管道上的换气孔。关闭一个换气孔并打开下一个需要经过 1～2 min，而且要在观察柱里面出现连续的水流之后。

需要从净化和冷却系统中清除气体。

为过滤器加载离子交换剂并给过滤器加压，使净化系统和一回路的压力达到一致。

根据操作手册的要求进行水的采样。设定稳压器内的水位不超过 35%，通过抽样管道将水排放到过滤器。

将气体从气瓶缓慢地转注到稳压器，使高压气体系统的工作气瓶组与一回路系统接通。按照压力等级来提升压力，5 MPa 为一个等级，提升一个等级需要 5 min，并且在每一个等级上要保持 5 min 的时间。

检查在一回路系统内的压力，它应该处于 7.6～10.4 MPa 的范围内。

检查在稳压器中的水位，它应该处于 15%～35%的范围。打开阀门 1.04 和启动余热排出泵。通气开关 1.07 所设定的流量约为 9 m^3/h。关闭余热排出泵，并使一回路的配件恢复到初始状态，检查“穿孔机”1.30，1.31，1.32，1.33 的状态，它们应该处于“打开”状态，并且在所有的穿孔机保护外罩上都具有正常的铅封。在完成所列出的操作之后，系统将处于初始状态。

一回路启动的次序（服务于一回路的系统正在按直接的要求工作，或者处于准备好进入工作的状态）：

1. 检查稳压器中的水位，它应该不小于 12.5%；
2. 检查一回路系统的压力，它应该处于 8～8.3 MPa 的范围；
3. 检查一回路系统配件的状态；
4. 启动所有的主冷却剂泵，以低速模式开始工作；
5. 以最低的可监控水平启动核反应堆，并随后对一回路系统进行加热；
6. 以不超过 100 ℃每小时的速度加热一回路系统，达到平均温度 295 ℃；加热过程和参数的稳定过程结束之后，设定稳压器内的水位不超过 65%，且不低于 55%，而压力不超过 13.1 MPa，且不低于 12.3 MPa，此时一回路系统的功率为额定功率的 10%～15%；

7. 在加热结束之后，每经过 6～10 h 进行一次采样（降低稳压器中的水位到低于 55%是不允许的）。

6.3 核反应堆的启动

核反应堆的启动是以远程控制事故防护系统和控制棒组件的控制棒的方式实现的。它还包括将核反应堆从次临界状态切换到超临界状态，并随后设定功率为最低可监控的水平，这个功率（大于 5×10^{-4}%的额定功率）可以用自动控制台的仪器可靠的记录下来。核反应堆的启动应该严格按照将它转换到超临界状态的方法进行。在此之前应先预测临界状态控制棒组件所处位置。

控制棒组件中任何一组的上升都必须采用步进的方法，并且在每两步之间都必须保持一定的时间。在控制棒组件开始上升的阶段（在堆芯区域次临界性超过 3%的情况下），这些保持时间是最小的，并且符合编定的停顿时间（2±0.2）s。接下来在次临界性从 3%～1%的过程中保持时间会增大到 1 min，在亚临界性为 1%及以下时保持时间达到 2 min。在通过自动控制台的所有 3 条测量通道对中子注量率以及对它的倍增周期有可靠监控的情况下，允许继续增加功率。紧接着一回路的加热功率从 0.1% 增加到 2%～3%，在加热模式的功率自动控制条件下（这是由控制系统“马尔斯”保障的），从 5×10^{-4} 的水平增加到 10^{-3} 的水平（功率的 10%）。

在功率加倍期间应该严格地监控，使停留在加热模式的时间不少于 30 s。在加热核反应堆的同时，也进行蒸汽发生器和蒸汽管道的加热，为此通过向蒸汽发生器的供水阀门供应每小时 5～24 m^3 的水（供水阀门的行程为 3%～10%）。蒸汽发生器带有远程控制功能的蒸汽闸门被关闭，而蒸汽发生器通过闸门（沿着两侧船舷）与升汽系统和冷却系统的管道相连接。在水泵电站一侧的船舷管线是连接在一起的，并且穿越向冷却冷凝器排放蒸汽的管道。冷却冷凝器装备有：

· 从中央控制台控制的蒸汽压力调节器（调节区间为 5～30 bar，带有气动传动装置）；

· 水分离器和执行气动阀门内的水位调节器（冷凝液流量很小的情况下阀门被关闭，而冷凝液的引出是通过浮子式阀门进行的）；

· 带有电动传动装置“AUMA”的冷却冷凝器内的液位调节器；

· 带有电动传动装置“AUMA”的再循环调节器。

在冷却冷凝器中的压力升高情况下，向它的蒸汽排放不会被切断。随着核反应堆的加热在蒸汽发生器中出现了饱和蒸汽，它在水分离器中经过分离之后进入冷却冷凝器中。随着蒸汽温度的升高,它的湿度会减少。从中央控制台的控制面板分阶段地引入对于蒸汽压力调节器的设定值,并且使蒸汽压力继续上升到 30 bar。

6.4　一回路水质的保障

水净化装置是用于获得高纯度的水,这个水是供应给一回路,过载设备液压系统的注水,三回路的扩展储存罐和事故冷却储存罐的。系统的组成部分:除氧和除盐过滤器,高纯水的备用储存罐,容积为 4 m^3,高纯水再循环电动传动水泵。

水的分解反应(辐照分解)和水中杂质在核反应堆堆芯区域的强中子流辐射和 γ 辐射的作用下,伴随着水分子的离子化,会形成具有足够放射性分子团的中间产物。在一回路的条件下,这将会导致生成最终的产物氢气、氧气、过氧化氢。氧气的浓度在一回路的水里可能会增加,这自然会导致钢腐蚀的加快。向一回路的水中添加氨水和联氨,由于水的聚合反应会减少自由氧的形成。在核动力装置一、二、三回路中的最佳水化学模式的选择和保持是一个重要的多层面的任务。

为了保障一回路的水模式,在进行完拆卸装配工作、现代化改造工作、基本设备的定期检修、系统的运行和维护之后需要采用向水中引入联氨或者氨水溶液的方法保证水质量(图 5-10)。

可以将高浓度的反应物溶液使用便携式容器通过漏斗和阀门注入工作溶液和反应物储存罐中,储存罐是注满了水的。在为了保持水质量引入添加剂的时候,是根据在一回路中水的总数量为 25 t 的估计值实施的,估计值是按照压力冷凝器的工作水位为 65%得到的。

水合联氨的数量是根据一升 0.5%的溶液对应一克溶解氧的条件来确定的。氨水的数量是根据向回路引入 2.5%的氨水溶液并获得它在回路里的浓度为 10~60 mg/L 的条件确定的(成品供应的“氨水”浓度一般为 25%)。

6.5 在正常工作期间的服务保障

1. 在一回路系统工作时,用电设备是由利用蒸汽发生装置的蒸汽工作的电源供电的。备用电源和应急电源应该处于随时准备好自动启动的状态。

2. 在仪器区域的空气温度应该保持恒定,允许的温度偏离为±5℃。

3. 对于一回路系统设备和配件工作的控制和监控是远程自动实现的;不需要进行直接的服务。

4. 一回路系统的参数在所有工作模式条件下应该保持在如下范围:

· 载热介质平均温度为 295 ℃;

· 压力为 11.8~14.3 MPa;

· 稳压器中的水位为 55%~70%。

5. 一回路系统可以工作在额定功率的 15%~100%的功率区间。

除此之外,一回路系统还可以工作:

· 在降低的循环状态下(4 台主冷却剂泵工作在低速模式下);

· 在额定循环状态下(4 台主冷却剂泵工作在高速模式下)。

额定循环模式是最佳模式。

6. 在正常工作条件下回路被接入下列系统:

· 带有载热介质制冷功能的净化系统,制冷是使用热交换器制冷机的两个单元实现的;

· 高压气体系统的工作组件。

7. 在一回路系统工作时可以进行下列操作:

· 功率从一个台阶到另一个台阶的转换;

· 主冷却剂泵从低速模式转向高速模式,或者相反;

· 一回路水的取样;

· 一回路系统的补水;

· 从高压气体系统的备用气瓶组向稳压器供气,或者从稳压器抽送气体到备用气瓶组。

8. 一回路系统的功率从一个台阶到另一个台阶的转换是要以每分钟 1%的额定功率的速度进行(更理想的速度是每分钟 0.1%的额定功率)。

9. 取样操作是周期进行的,在取样之后必要的情况下要对一回路系统进行补水(根据手册的要求)。在稳压器中的水位低于 55%的情况下不允许进行取样。在这种情况下,一回路系统的功率不超过额定功率的 50%。

10. 在加热之后工作的开始阶段,如果一回路系统的压力降低到低于额定值,那么在稳压器中水位不变,并且没有气体放射性的情况下,会从高压气体系统的备用气瓶组向稳压器进行供气或者气体转注,一直到恢复额定压力为止。在结束加热之后如果一回路的压力高于额定值持续三小时或者更长时间,则将从稳压器抽出气体到备用气瓶组,一直到恢复额定压力。

6.6　工作的特殊条件

一回路的工作被认为有如下特殊条件:

· 带有部分损坏的主冷却剂泵的系统加热(低速绕组线圈失效);

· 经过核反应堆事故停机之后的系统加热;

· 在主冷却剂泵完全停机,或者部分循环泵损坏的情况下系统的工作(低速绕组线圈或者高速绕组线圈损坏,导向设备的单向阀门爆裂以及其他情况);

· 在带有被切断的非密封蒸汽发生器的情况下系统的工作;

· 在蒸汽发生器的组成部分中存在堵塞单元的情况下系统的工作;

· 带有被切断的热交换器制冷机非密封单元的或者带有非密封换热器的情况下系统的工作;

· 带有被切断的一回路过滤器的情况下系统的工作;

· 带有被切断的净化和冷却系统的情况下系统的工作;

· 带有被切断的并且已经停机的余热排出泵的情况下系统的工作;

· 核反应堆的一些单独组件被关闭的情况下系统的工作;

· 在高压气体系统损坏情况下系统的工作;

· 在控制设备损坏情况下系统的工作;

· 带有轻微泄漏情况下系统的工作;

· 在不可能向蒸汽发生器供水情况下系统的事故冷却;

· 借助于自然循环的(一回路的自然循环)系统的事故冷却;

· 在测量蒸汽发生器液压阻力的情况下系统的工作。

6.7 一回路系统的停止运行

核反应堆正常停机的情况下，必须将它的功率降低到额定功率的3%~5%。

1. 一回路系统停止运行必须在主冷却剂泵以低速模式工作的情况下功率水平为3%~5%的条件下进行。冷却的速度不能超过每小时100 ℃，必须保障载热介质温度的平滑下降。核反应堆的停堆是通过补偿组件的控制棒下降到最低位置实现的，下降过程的次序如下：最开始是中央补偿组件，如果它处于中间的过渡位置，然后是两个中间补偿组件（СКГ-1、СКГ-2），再之后是两个边缘补偿组件（ПКГ-1、ПКГ-2）。

2. 在核反应堆停机时，必须保证在整个一回路系统停止工作期间将高压气体系统的工作气瓶组始终接入到稳压器。最初的冷却是由二回路的水完成的，在4台主冷却剂泵以低速模式工作的情况下，水输送到蒸汽发生器的数量能够保障载热介质的温度以不超过每小时100 ℃的速度下降。

3. 后续的冷却过程是通过下列方法中的一个实现的：

· 在主冷却剂泵以低速模式向蒸汽发生器供水的情况下，通过蒸汽发生器进行冷却。冷却过程结束的时候，就是当停止供水时，蒸汽发生器内的载热介质温度不会升高到超过70 ℃。

· 蒸汽发生装置停机，核反应堆停止运行，一回路系统后续的冷却是在保障蒸汽发生装置的用电单元由两台辅助柴油发电机或者一台辅助柴油发电机及岸上电源供电的情况下进行的，先从降低核反应堆的功率到能够保障停泊模式的水平开始（主汽轮发电机处于空转模式）。

一回路系统的停止运行是由高压气体系统的工作气瓶组接入到稳压器来保障的。主冷却剂泵切换到低速模式。启动辅助柴油发电机，并且用电设备都切换到由辅助柴油发电机供电。启动冷却冷凝器，而主汽轮发电机和辅助汽轮发电机，以及所有的伺服机械机构都停止工作。蒸汽发生装置的功率下降到额定功率的3%~5%的水平。启动备用泵水泵，而汽轮给水泵停机。冷却冷凝器切换到从蒸汽发生器接收蒸汽的状态，并将蒸汽发生器与主蒸汽管道断开。在含盐量升高到大于1毫克每公斤的情况下，冷凝液被排放到蒸汽发生器的冲洗储存罐，在经过用于含盐量检测的抽样之后从电动冷凝液泵的供水阀门供水切换到从平衡储存罐供水。

在以不超过每小时100 ℃的速度通过补偿群组控制棒按次序的下降的冷却过程结束之后，对二回路进行清除沉积盐分的蒸汽发生器冲洗，将蒸汽和蒸汽水混合物通过冷却管道和冷却冷凝器排放到蒸汽发生器的冲洗储存罐。通常针对盐分的最大冲洗效果发生在温度 215~210 ℃之间。

剩余热量的引出首先是通过二回路的水在远程控制给水调节阀的流量控制下进行的，流量控制是要保障载热介质温度降低的速度不超过每小时 100 ℃。在载热介质温度约为 200 ℃时可以切换到使用三回路的水进行冷却，方法是在远程打开旁路管道并切断一回路过滤器的情况下使用 1~3 回路的热交换器和以低速模式工作的主冷却剂泵实现。在冲洗结束之后并且在冷却过程中载热介质的温度已经达到 100 ℃，则核反应堆切换到保存模式。向蒸汽发生器的供水停止，备用给水泵停机，启动冷凝器切换到工作准备模式。

第7章

核动力装置事故工况

7.1 事故模式与核反应堆防护

当核反应堆装置的运行参数取值达到了所设定的事故标准时,核反应堆事故防护系统启动,也可能由于虚假信号或者对中央控制台或应急控制台的事故防护系统控制部件直接作用的结果使事故防护系统启动。

根据事故防护系统的信号会自动进行下列操作:

· 事故防护系统的安全棒开始工作;

· 补偿群组控制棒以事故速度向堆芯区域下插并达到预定的深度;

· 启动 1 号、2 号应急柴油发电机,1 号、2 号、3 号辅助柴油发电机,1 号、2 号事故供水泵,1 号、2 号备用给水泵,启动冷凝器的备用船舷外水水泵,另外两台四回路水泵以低速模式启动;

· 根据重要性等级的次序分组将船上动力装置的电气设备和从属性的用电设备停止供电;

· 1 号、2 号辅助汽轮发电机利用剩余的蒸汽生产量继续工作;已经启动的 1 号和 2 号辅助柴油发电机自动地与辅助汽轮发电机同步工作;

· 切断从属的蒸汽用户单元;

· 主冷却剂泵从高速模式切换到低速模式;

· 以 5%的速度关闭给水调节阀,直到额定状态的 5%为止;

· 关闭 1 号和 2 号主汽轮发电机的速关阀。

在事故防护系统启动之后,核动力装置的伺服系统主要完成下列操作:

· 跟踪监测一回路的各个参数;

· 在 1 号和 2 号备用给水泵启动之后,关闭 1 号和 2 号应急给水泵,并将它们设定为“自动控制”状态;

· 关闭一个四回路水泵;

· 跟踪监测蒸汽发生器出口的蒸汽温度和压力;

·确认主汽轮发电机和辅助汽轮发电机的油泵(带有电动传动装置)处于工作状态;

·根据事故防护系统启动的原因,或者在有两台辅助柴油发电机供电情况下启动核反应堆(由应急给水泵供水),或者将核反应堆切换成冷却模式。

在事故防护系统启动的情况下,如果核反应堆已经加热到正常的参数,则在确定事故防护系统启动的原因之后(在对核反应堆功率有正常监控,以及核反应堆内水温没有降低到 200 ℃以下的情况下),允许将一回路系统加热到平均温度。在这种情况下,加热必须在一回路用电设备由两个电源供电的情况下进行,其中一个电源可能是应急电源。

如果在核反应堆停机之后两个小时期间内没有查明事故防护系统启动的原因,或者载热介质温度降低到 200 ℃,则所有控制棒应该被下降到较低的位置,而一回路系统应该切换成冷却模式。

在控制与防护系统中设计了以下自动屏蔽功能。

1. 如果补偿群组控制棒没有处于最低的末端位置,或者事故防护系统的操作程序还没有结束,则禁止事故防护系统的安全棒提升。

2. 如果事故防护系统的安全棒没有被提升, 则禁止补偿群组控制棒升高。

3. 保障补偿群组控制棒和事故防护系统在到达他们的终点位置时停止。

4. 保障关于补偿群组控制棒位移的信号获取按照下列优先次序进行:事故防护系统信号,信号系统操纵台的信号,功率紧急下降的信号,远程控制信号,自动控制信号,在这种情况下补偿群组控制棒的下降信号优先于上升信号。

5. 如果存在功率失衡大于 10% 的信号,或者泄放阀组件的两个通道出现故障的信号,则禁止补偿群组控制棒的提升,在同样的信号情况下也禁止补偿群组控制棒自动提升。

6. 在正常工作模式下,根据自动控制系统的信号保障补偿群组控制棒移动的下列次序:

·在补偿群组控制棒上升时,最开始边缘补偿组件 1 和 2 同时移动,在它们达到上部终点位置时,中间补偿组件 1 和 2 同时开始移动,在它们达到上部终点位置时,中央补偿群组控制棒开始移动;

·在下降时移动的先后次序相反。

7. 根据第 4 点所指出信号,在任何一个补偿群组控制棒的控制通道出现故障的情况下,禁止所有补偿群组控制棒移动。

7.2 在核反应堆事故停机情况下的核安全

核反应堆在停机后足够长的时间内仍然是有很大量的释热,这是由于在燃料中存在的裂变产物和结构材料吸收中子所生成的放射性同位素的衰变产生的热量。因此缺少核反应堆停机后将热量可靠的引出将可能导致燃料包壳的损坏。关于这一点设计了多道可靠的核动力蒸汽发生装置的冷却系统。

装置的冷却主要目的是在核动力蒸汽发生装置正常工作、事故运行和维修冷却的期间内从堆芯区导出剩余的热量。

在中央控制台停止工作的情况下,在启动冷凝器的区域装备有应急控制台。从这个控制台能够保证完成下列操作:

·下插事故防护系统安全棒和补偿群组控制棒;

·启动事故供水泵1号,第三回路水泵1号,第4回路水泵1号,冷凝液泵和启动冷凝器船舷外水备用水泵,应急柴油发电机1、2,辅助柴油发电机1、2、3;

·将经过在左船舷的1号应急给水阀,2号、3号蒸汽发生器到达启动冷凝器的冷却管道组件设置为工作状态;

·将蒸汽泄放调节器调整到供水阀门上。

对于冷却过程的监控是使用安装在应急控制台上的记忆电路实现的。

借助于在低速模式下工作的主冷却剂泵进行的冷却使用在下列情况下:

·在一回路系统正常停止运行的情况下,温度不超过200 ℃的情况下通过蒸汽发生器使用基本循环通道进行冷却;

·在一回路系统事故停止运行情况下,因为这时不可能用来对蒸汽发生器进行冷却,应立刻启动事故防护系统。

在冷却到200 ℃之前采用跟之前类似的方法进行冷却。

冷却还可以在主冷却剂泵以低速工作模式工作的情况下借助于热交换器(通过蒸汽发生器和热交换器)进行,条件是在热介质温度为200 ℃(冷却之前),为实现这个目的必须完成下列操作:

·检查第三回路向热交换器冷却器的供水;

·关闭阀门1.06;

·打开阀门1.02;

·停止向蒸汽发生器供水。

经过蒸汽发生器的冷却是在主冷却剂泵以低速模式工作下借助于余热排出泵通过热交换器实现的。在达到200 ℃之前是使用上述方法进行冷却。后续的

冷却是借助于余热排出泵通过热交换器实现的,但这个冷却不允许早于核反应堆停机之后 1 h 进行,为此还必须完成下列操作:

· 关闭阀门 1.06 和检查阀门 1.02 是否关闭;

· 打开阀门 1.04;

· 启动余热排出泵;

· 关闭主冷却剂泵并停止向蒸汽发生器供水;

· 借助于通气开关 1.07 设定余热排出泵的流量约为 15 m^3/h。

在主冷却剂泵以低速模式工作的条件下向蒸汽发生器供水的冷却模式是更理想的模式。

在载热介质的温度降低到 50 ℃时,同时使核反应堆的排放水箱内温度不超过 70 ℃的情况下,允许主冷却剂泵停机。建议主冷却剂泵的停机不早于核反应堆停止运行之后 10 h。

如果所有冷却手段都停止工作,而在核反应堆出口处的水温在一昼夜的期间内仍不超过 70 ℃,则一回路系统被认为是完全冷却了。

注意事项:在所有主冷却剂泵停机并且借助于余热排出泵的冷却已经结束之后,在出现余热排出泵故障停机和主冷却剂泵无法启动(载热介质温度为 90~200 ℃)的情况下,应该保障借助于自然循环的方式(沿着一回路的自然循环)进行冷却的可能性,自然循环是通过向蒸汽发生器以不小于 12 t/h 的流量供水实现的。为了保持载热介质温度不超过 70 ℃需要周期性地打开余热排出泵。

与一回路系统的密闭性损坏有关的事故分为下列几种类型:

· 载热介质泄漏到周围环境空间;

· 载热介质泄漏到二回路;

· 载热介质泄漏到第三回路;

· 通过高压气体系统的泄露;

· 通过排水系统、取样管道、除气管道、供水管道和其他设备的泄露。

按照载热介质泄漏的量应该做如下区分。

· 气体密封问题(微泄露),在这种情况下,稳压器中的水位实际上没有下降,而一回路系统中的压力也没有降低。通过"博洛尼"系统或者第二和第三回路的水抽样系统才能够查出泄露。

· 较小的泄漏(每小时 1.3 t 以下),在这种情况下,稳压器内的水位缓慢下降,并且在开启一个供水泵的情况下水位和压力的降低便停止。

· 较大的泄漏(每小时 1.2 t 以上),在这种情况下,稳压器内的水位和一回路系统内的压力急剧下降,并且在开启一个水泵的情况下,水位与压力的降低不会停止。

与一回路密闭性损坏(各种的泄露)相关的事故情况包括下列情形:

·一回路系统内的压力和稳压器内的水位下降,但是在核反应堆区域或者仪器区域放射性并没有增加;排水储存罐中的水位上升(排水部件或者采样系统出现泄漏电);

·一回路系统的内压力和稳压器内的水位下降,并且在核反应堆区域或者仪器区域的总放射性同时升高,有可能在仪器区域出现漏水或者在连接区域出现漏气;

·在仪器区域或者核反应堆区域的放射性升高;可能出现两种情况:一回路系统内的压力和稳压器内的水位不会下降到允许极限以下(较小泄漏),一回路系统内的压力降低,而稳压器内的水位却没有下降(气体泄漏);

·一回路系统内的压力下降,并且稳压器内的水位降低,而且在第三回路扩展储存罐中的气体放射性与水位同时上升(由于热交换器设备的密闭性损坏向第三回路出现泄漏);

·一回路系统内压力下降,稳压器内的水位降低,而在主冷凝器抽气器的排气口处蒸汽空气混合物的放射性同时升高(向二回路出现泄漏)。

在首次注水期间、航行前、航行期间以及基地停泊期间,可能出现的与水质恶化相关的一回路系统的故障主要有以下几种:

1. 一回路中水的成分偏离:氯离子、固结残渣,或者哪怕只有一个参数的值偏离了额定值。

2. 一回路的水中溶解氧含量偏离额定值。

3. 氢离子浓度(Ph)、氨水的含量,或者哪怕一个参数的取值偏离额定值。

在与事故防护系统启动相关的核反应堆事故停机的情况下,补偿群组控制棒自动地下降到堆芯区域指定深度,主冷却剂泵转换到低速模式,而此时装置根据原因的不同,或者被冷却(立刻进行或者停止于热备用模式之后),或者重新被启动。

一回路较大泄漏的原因是在事故停机的情况下或者停止预循环的情况下(以低速模式或者高速模式工作的 4 台主冷却剂泵停机),补偿群组控制棒下降到最低的尾端,核反应堆快速冷却。

在事故防护系统不是根据一回路中压力的实际下降或者所有主冷却剂泵的停机而启动的情况下,设计了原因探查,并能够快速排除原因的方法,目的是将核反应堆切换到最低功率水平,保障核反应堆内的温度保持在不低于 200 ℃。在事故防护系统启动原因迅速排除的情况下,包括报警“虚假启动”的情况,启动设备会记录核反应堆功率的“中子注量率”,并且在持续观察中子流强度测量结果的情况下可以实现启动过程的加快。在保持功率上升的时间大于 30 s 的情况下,首先按次序将事故防护系统的控制棒组提升,然后是补偿群组控制棒。设计了在事故防护系统“虚假”启动之后以达到每秒 300 ℃的平均速度加热核反应堆。如果在 1~2 个小时期间内不能够排除事故防护系统的故障原因,核反应堆将被切换到最低可监控的功率水平,通过按钮启动事故防护系统使核反应堆"关闭"。

核动力装置的事故包括下列情形。

· 缺乏供水;在这种情况下会通过一回路制冷机自动接入事故冷却回路(主冷却剂泵工作在低速模式)。

· 一回路没有循环(4 台主冷却剂泵停机);在这种情况下,核反应堆堆芯区域的冷却是依靠自然循环进行的;向蒸汽发生器的供水达到额定流量的 10%,蒸汽空气混合物排放到主冷凝器或者冷却冷凝器。

· 一回路和二回路没有循环的结果导致完全断电;在这种情况下,一回路的自然循环是依靠在蒸汽发生器里水的蒸发实现的,并且从事故冷却储存罐的供水是依靠压缩空气的能量实现的;从蒸汽发生器出来的蒸汽排放到大气中。

· 存在一回路中没有被切断区段的泄漏;在这种情况下堆芯区域的冷却是通过从补水系统或者从二回路借助于备用给水泵对堆芯区注水实现的。

· 一回路出现大破口;在这种情况下,剩余热量的导出是使用余热排除系统实现的。

堆芯区域热力学技术可靠性的保障,以及创造能够增进燃料元件工作可靠性的核反应堆运行条件,是在预定的任务期间保障核反应堆运行核安全的主要前提。这就是要严格地保持功率改变速度的允许值,以及在所有运行状态下堆芯区的温度模式。必须记住,任何核反应堆功率的变化总是能够引起在燃料元件上的热负载,因此频繁地改变功率会缩短核反应堆堆芯区的寿命。

7.3　一回路可能出现的损坏和事故

一回路可能出现的故障分为三个基本的类别:

· 与一回路系统密闭性的损坏不相关的故障;

· 与一回路系统密闭性的损坏相关的故障;

· 与载热介质水质恶化相关的故障。

与密闭性的损坏不相关的故障可能会引起:

· 核反应堆事故防护系统的启动;

· 一回路系统的停止运行;

· 核反应堆功率的紧急下降和已经停机设备的切断;

· 在不降低核反应堆功率的情况下切断已经停机的设备。

这些故障的基本特征是:

·下列区域载热介质温度的升高：

1. 核反应堆的排水水箱；

2. 一回路净化器的入口处(高于 60 ℃)；

3. 余热排出泵的压力管道(高于 200 ℃),在它工作在冷却模式的情况下。

·余热排出泵压力管道内一回路水流量的下降。

·核反应堆事故防护系统启动,工作在低速模式下的三台主冷却剂泵停机。

·核反应堆事故防护系统启动,工作在低速模式下的四台主冷却剂泵停机。

·工作在低速模式下的一台或者两台主冷却剂泵停机。

·核反应堆事故防护系统启动,工作在高速模式下的 3 台或者 4 台主冷却剂泵停机。

·由于主冷却剂泵高速绕组线圈的损坏或者水泵转子的卡顿使 1 台或者 2 台主冷却剂泵停机。

·通过蒸汽发生器从一回路系统引出热量过程的停止。

·事故防护系统启动,补偿组件向下运动到最低尾端或者在断电情况下的“自动行程”(或者没有“自动行程”)。

在引起核反应堆事故停机的所有情况下,装置用电设备的供电在应急柴油发电机和辅助柴油发电机启动之前由辅助汽轮发电机提供,而辅助汽轮发电机是以剩余蒸汽工作的(在蒸汽管道内保持着 3.33 MPa 的压力)。能够保证辅助汽轮发电机工作的最低允许参数值(蒸汽压力为 1.6 MPa,蒸汽温度为 220 ℃)。

在向蒸汽发生器停止供水的情况下,蒸汽参数的测量如图 7-1 所示。

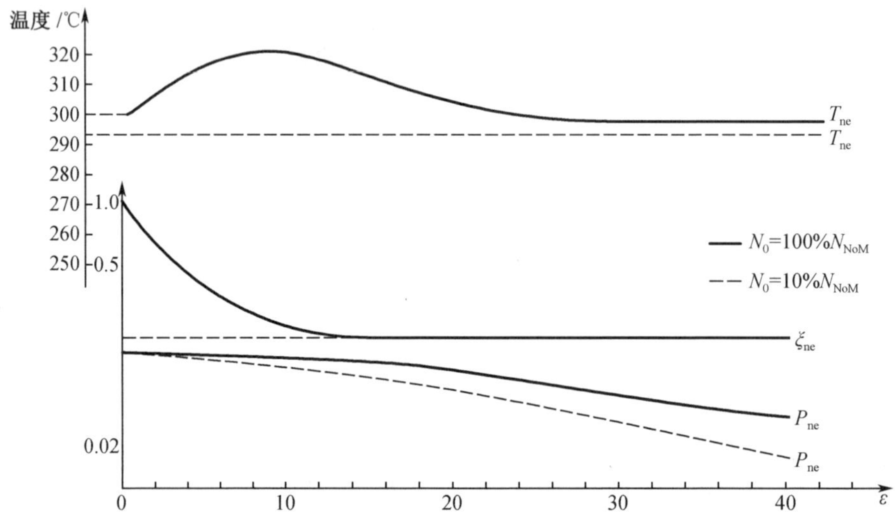

图 7-1 蒸汽发生器缺少供水情况下一回路蒸汽参数的改变
(在设计允许的最大事故条件下)

在核反应堆事故防护系统启动的情况下，会切断主汽轮发电机 1、2，低压蒸汽发生器，海水淡化装置和除氧器补水系统的蒸汽供应，为了保障辅助汽轮发电机 1、2 能够工作在“惯性运转”的状态（相应地，发电机功率为 260~200 kW）。通过切断一些用电设备的电力供应能够减轻辅助汽轮发电机的负载，这样能够保证它们在辅助柴油发电机介入工作之前可靠的“惯性运转”。辅助汽轮发电机能够在速关阀前端蒸汽压力达到 12 bar 之前保持工作，也就是保障 150 s 的“惯性运转”。辅助柴油发电机能够快速地介入并承担负载，同时减轻辅助汽轮发电机的负载。辅助柴油发电机能够在 8.2 s 之内达到额定功率的 20%。此时，汽轮循环水泵、汽轮给水泵和主涡轮的抽气器还保持工作状态，系统内的蒸汽足够长期维持主冷凝器内的真空，这对于事故防护系统启动之后装置的重新启动以及排除防护系统的启动原因非常重要。

主冷却剂泵的事故停机

事故的原因有可能是电动水泵本身的故障，冷却系统和供电系统的故障（通常是配电板 RS 切断供电）。

在蒸汽发生装置工作在功率超出允许值的条件下，如果一台或者两台主冷却剂泵出现停机，会自动发生功率的紧急下降，下降到指出的功率水平。

按照以高速模式工作的一台主冷却剂泵的停机信号紧急降低装置的功率，并伴随着供水流量以每秒钟 5%的速度下降。在 5 s 之内自动切断事故供水循环回路下的蒸汽发生器。在以高速模式工作的主冷却剂泵中断工作的情况下会自动将它转变为低速工作模式。补偿群组控制棒根据功率紧急降低的信号以 25 mm/s 的事故速度被引入到堆芯区，并一直持续到核反应堆的功率达到事故防护系统所设定的报警值，并且能够按照控制程序受控运行，保障装置能够向正常的功率水平平稳过渡，同时维持平均温度始终处在允许的过渡期偏差范围内。

两台辅助汽轮发电机中的一台停止工作或者供电配电板故障导致的，与高速模式工作的两台主冷却剂泵停机有关的事故。根据两台以高速模式工作的主冷却剂泵的停机信号，造成了功率的紧急下降，功率下降是通过供水流量从额定值的 100%以每秒钟 5%的速度下降到 50%实现的。在 5 s 之内事故循环回路的蒸汽发生器自动地被切断供水。根据功率紧急下降的信号补偿组件控制棒以 27 mm/s 的事故速度被引入堆芯区，并由控制程序进行控制。

蒸汽发生器传热管破损。在蒸汽发生器传热管失去密闭性的情况下，一回路开始泄漏到二回路。由调节阀门传感器确定在每一个蒸汽发生器出口的蒸汽腔内和蒸汽管道内，以及在从抽气器提取蒸汽空气介质的抽样管道存在泄漏。在确认蒸汽发生器密封性失效的情况之后，相应的主冷却剂泵和蒸汽发生器停止工作，通过双重封闭组件将它们的蒸汽供应和供水切断。在切断蒸汽发生器之后，蒸汽发生装置的功率自动下降到 75%，在这种情况下螺旋桨电力装置的功率跟随蒸汽发生装置的功率下降。在所设计的事故状况中,能够承受蒸汽发生器最大截面 22×2.5 的传热管破损。能够接受的切断时间为 300 s(在一回路的循环不会中断)。在事故过程中,从一回路到达二回路的载热介质大约为 4 700 kg。在这种情况下有可能到达二回路的放射性惰性气体为 520 Ci(1 Ci=3.7×10^{10} Bq),放射性碘为 100,它们被离子交换剂过滤器排放到二回路的冷凝液管道内(气体产物通过抽气器被从蒸汽管道清除)。

在蒸汽发生器微小泄漏的情况下机舱的放射性环境保持正常。在较大泄漏的情况下,机舱应该列入被监控区域,并保障它的卫生通过间模式和放射性监控。

供水的停止有可能是由下列原因造成的:

·冷凝液泵和供水泵的供电和控制元件故障导致它们的停机,管道的爆裂以及其他原因;

·4 个阀门被错误地关闭,这种情况下蒸汽发生装置可以通过一至三回路的热交换器利用第三回路进行冷却。

基本电气系统的断电事故可能是由下列原因引起的:自身组件工作的异常,两台辅助汽轮发电机的故障,配电板故障。所采用的供电电路系统实际上能够排除断电超过 8~10 s 的可能性,在事故防护系统启动的情况下,能够完成符合控制程序的预定操作。

从蒸汽涡轮装置引出的蒸汽出现减少或者停止现象有可能是因为主汽轮发电机的涡轮故障,主冷凝器或者其他蒸汽用户设备的故障,主蒸汽管道阀门的关闭或者主涡轮的蒸汽引出管道关闭造成的。主汽轮发电机,主冷凝器或者其他蒸汽用户单元的停机不会对蒸汽发生装置的工作造成影响。供应水的参数没有改变。蒸汽发生装置的功率可以由远程控制以 1%每秒的速度下降到所要求的水平,同时装置继续保持运行。

第8章 核动力装置操纵与控制系统

破冰船上设计有核动力装置保障服务体系，可以在机舱和堆舱无人值守情况下正常运行，只需要有人在中央控制台值守，因此核动力装置保障服务体系必须具有控制系统、防护系统、监控系统和信号报警系统，以及由单独系统构成的相互联系的成套专用系统。

控制堆舱技术设备的成套系统“北方-80”包括：

· 在正常工作模式和事故工作模式下的核反应堆装置控制、监控和防护的集群系统“长风-80”，它包括核反应堆的控制和防护系统“马尔斯”，以及蒸汽发生器的给水调节系统“伏尤佳-80”；

· 堆舱的通用船上系统与专门系统的控制和监控系统“泰梅尔-80”；

· 堆舱设备的电力供应监控系统“德维纳-80”；

· 信息系统“伯利斯-80”；

· 堆舱自动化装置的仪器供电系统“坦肯斯-80”。

为了完成对核反应堆装置事故下的自动化控制操作，设计了三个控制和防护渠道，这时事故下的自动控制具有比远程控制（操作员借助于远程控制设备所做的）更大的优先权：

· 在一回路的水泵停机之后 8 s 内控制二回路的设备切断蒸汽发生器的供水；

· 在事故报警信号仍然有效的时间内控制剩余的设备和机械装置。

自动化装置的系统包含下列系统和设备：

· 不间断的信号比较系统用于实现被监控的参数值与设定的参数值之间不间断的比较，以及发送在每一条比较通路上由继电器闭合触点所形成的偏离信号，供控制系统、控制防护系统和信号报警系统使用；

· 事故下自动控制与防护系统主要用于生成和发送用于核反应堆执行机构的指令，以及当发生事故情况时给其他系统的基本设备的事故定位指令；

· 仪器与机械装置的远程控制系统主要用于对电动机械装置和核反应堆装置配件状态的控制；

· 记忆电路的发光信号逻辑控制系统用于向操作员提供系统控制操作的完

成信息，以及核反应堆装置的设备和机械装置的被监控参数状态，这是借助于分布在控制台面板上和控制与信号系统操作板上的记忆电路指示器和显示屏完成的。

·事故冷却系统用于生成对于核反应堆装置的控制信号，目的是保障核反应堆装置的冷却以及保障对核反应堆装置冷却过程的监控。

操作员负责根据控制面板和控制盘上的指示仪器与记忆电路监控各参数的状态及核反应堆的设备状态。操作员可以通过分布在控制与信号系统操作台上的控制机构改变核反应堆装置某个单独设备的状态，这种改变要符合从系统操作台对核反应堆装置进行控制的操作规程。

8.1 控制与监控系统“达马吉克”

控制与监控系统“达马吉克”（“瓦尔梅特”公司生产的）优先用于蒸汽涡轮装置的机械结构、调节器和配件的自动控制，以及用于保障螺旋桨电力装置的机械设备的控制。系统能够使用模拟信号和离散信号传感器完成信息的选取（在船上有 1 312 个传感器）。机械机构的状态反应在“达马吉克”系统的群组视频图像和图表视频图像上，以及体现在中央控制台记忆电路面板上的发光信号组合逻辑上。中央控制台上的所有控制电路都需要±24 V 的电压供电；在没有这种电源给“达马吉克”系统供电的情况下，机械机构只能由安装在水泵附近的启动机进行本地控制，启动机由电压 380 V 频率 50 Hz 的电源供电。

“达马吉克”系统的主要作用是完成下列功能：

·中央控制台上关于工艺过程的参数信息的选取、处理和提交；

·按照预定的程序对阀门，水泵和机械机构进行远程自动控制；

·对调节器的伺服传动装置进行自动控制；

·安全系统的启动系统程序与测量通道的恒常测试监控。

“达马吉克”系统还可以补充完成下列操作：

·技术经济指标的计算；

·在事故防护系统启动之前 5 min 和之后 15 min 时间内的 16 个参数信息的保存，“黑匣子”功能。

“达马吉克”系统是非集中控制系统，它的基础元件是中央处理机站，而中央处理机站的功能是由它的软件系统和所连接的接口单元组决定的。为了提高系统整体的可靠性，除了非集中控制体系以外，测量与信号系统通道的分配，以及控制与防护通道，一直到传感器的分配也起到重要的作用。它具有两个负责分配所要完成功能的子系统：

·“7616”，中央控制台的监控器上技术过程参数信息的发送，传感器信息的收集和处理；

·“7631”，对水泵、阀门、机械机构、调节器的控制。

信息的收集是两个子系统的基本功能，是借助于模拟信号和离散信号传感器实现的。模拟信号传感器具有统一的 4~20 mA 或者 0~5 V 的输出信号，它或者具有自己的电源或者从中央处理机站的接口板上获得供电。离散信号（二值信号）传感器基本上是属于接触型传感器，它们通过接触或者非接触状态进行工作。模拟信号传感器将物理量转化成电信号，并通常是设备单独的单元。离散信号（二值信号）是从设备的逻辑电路或者调节器的反馈单元电路上的离散信号传感器（温度传感器，压力传感器，末端断路器和其他传感器）获得的。传感器通过“达马吉克”系统的连接盒接入到中央处理机站上。

8.2　控制系统“泰梅尔-80”

系统的作用是关于整船系统和中央动力舱的伺服专门系统的机械机构工作状态和配件状况的信号报警，以及远程的自动控制。系统能够保障与执行机构（本地的启动机，控制站 ПМХ-5102 和操纵装置）进行联合工作，以及与传感器和报警器（绝对压力与剩余压力传感器 ДАД-8，铂金属电阻温度计，水位报警器 УЗС-4М，温度继电器传感器 СКПУМ-ДЗа-Р，压差传感器）进行联合工作。由控制和信号系统操纵板 80 ТМ-1 保障系统的工作，它安装在中央控制台上。

系统完成对下列专门系统的控制与监控功能：

·回路循环水的干燥与排水专门系统，和卫生消毒间储存罐的干燥系统；

·一回路区域的通风系统；

·第二和第三类区域的通风系统。

“泰梅尔-80”系统的控制基础原则是对控制对象实现集中性的，远程的，并部分自动化的控制。

所有的控制对象可以分成三组：

·直接使用控制切换开关进行控制的对象，并且在自己的工作中不需要各种自动化操作的；

·需要对其进行自动化控制的对象；

·除了需要直接使用切换开关进行控制外，还要求施行自动化操作的对象。

在“泰梅尔-80”系统中有三种控制的区分：

· 远程控制；

· 远程自动化控制；

· 自动控制。

控制对象是通过中间过渡继电器使用启动器进行控制的风扇和水泵，继电器安装在仪器 80 TM7Б 中；借助于操纵装置进行控制的阀门和舌阀。根据配件状况报警器的信号系统发出关于机械装置状态的信息。

系统能够保障参数传感器的实际模拟信号与这个参数的设定值进行对比，并给出模拟信号的值大于（在记忆电路上表示为向上的三角符号）或者小于（向下的三角符号）系统中设定值的信息。除此之外，系统还可以将这些信号输出到系统“Бриз-80”中。

系统能够保障下列的监控：

· 对报警器的取值 0 或者 1；

· 信号台的仪器比较模块；

· 系统是否供电；

· 系统供电电路的故障；

· 系统指示灯；

· 自动信号发送电路的闪烁和声音；

· 声音和闪烁信号的分别撤销。

自动信号发送装置给出声音信号的同时也发出光信号。

回路循环水的脱水和排水专门系统，以及卫生消毒间储存罐的脱水系统保障下列功能：

· 从控制台对水泵“HOC-1”“HOC-2”的阀门进行远程控制；

· 从控制台对放射性废液阀门“6-01”和“7-01”进行远程控制，以及从可见放射性废液传送软管的区域的主甲板上将它们远程关闭；

· 从中央控制台对阀门 6-02 进行远程控制；

· 按照卫生消毒间储存罐的低水位信号使卫生消毒间水泵自动停机；

· 关于水泵工作的执行信号系统；

· 关于配件状态的执行信号系统；

· 从中央控制台对卫生消毒间水泵的远程控制；

· 关于储存罐，被脱水区域集水井的注水预警信号系统；

· 放射性废液排放控制台的卫生消毒间水泵停机的预警信号系统，以及可见放射性废液传送软管区域的主甲板上的预警信号系统。

第一类区域的通风系统能够保障下列功能：

· 对风扇和阀门进行远程控制；

· 在工作风扇自主停机的情况下将风扇重新启动；

· 在抽吸系统不工作的情况下屏蔽送风风扇的启动，或者在抽吸风扇停机的情况下使送风风扇停机；

· 在与风扇相关的阀门关闭的情况下使风扇自动停机；

· 在经过蒸汽预热器之后空气温度小于等于 7 ℃的情况下，使送风风扇自动停机；

· 在断电之后恢复供电的情况下自动启动抽吸风扇；

· 按照在一次仪表区域或者蒸汽发生装置区域的压力升高的信号使风扇停机，压力信号来自压力信号器（三个中的两个）；

· 根据在被监控区域的火灾信号风扇自动停机，以及根据在仪器区域和堆舱气体排放的信号风扇自动停机；

· 关于风扇自主停机的预警信号系统，关于在空气冷却器后端存在水的预警信号系统；

· 关于风扇、加热器、舌阀工作的执行信号系统；

· 关于在一次仪表区域和放射性废液区域的温度和压力的预警信号系统。

第二和第三类区域的通风系统保障下列功能：

· 对风扇、阀门、舌阀进行远程控制；

· 在工作风扇自主停机的情况下，自动启动备用风扇；

· 在抽吸风扇不工作的情况下屏蔽送风风扇的启动；

· 在打开相应的蒸汽阀门之后以 5 min 的延迟时间启动风扇到 ЗИМА 模式；

· 在经过蒸汽预热器之后空气温度小于等于 7℃的情况下，使风扇自动停机；

· 在断电之后恢复供电的情况下自动启动风扇；

· 在相应的风扇停机的情况下自动关闭阀门；

· 关于风扇自主停机的预警信号系统，关于在空气冷却器后端存在水，以及压力和温度的预警信号系统；

· 关于风扇、加热器、舌阀工作的执行信号系统。

8.3　信息系统“Бриз-80”

系统“Бриз-80”用于提供堆舱技术状态参数的监控信息。它能够在操作员控制台上以数字形式实现对信息的集中收集、处理和提交。

系统能够单独识别并提取当前的 140 个监控参数的取值到数字显示屏显示,并完成下列功能:

· 以三位数字显示参数的实时值和它的量纲;

· 调取被监控的参数到显示屏幕;从安装在控制系统“长风-80”和控制系统“泰梅尔-80”仪器上的两个外置装置中的每一个调取信号;

· 在操作员控制台和“泰梅尔”控制板上提交信息。

信息的更新时间为 2.5 s。

保障系统的操作监督和在信息调取单元上实现传感器的群组关键性监控。在每一组中信号的数量不超过 10 个。

8.4 控制系统“伏尤佳-80”

系统主要用于完成下列功能:

· 使用系统定时器形成设定信号,并在分别控制的模式下自动保持设定的供水流量;

· 根据蒸汽涡轮装置控制台或者操舵室控制台的螺旋桨电力装置的功率限制切换开关的状态,使用系统定值器形成设定信号,并在联合控制的航行模式下自动保持所设定的供水流量;

· 在联合控制的停泊模式下没有蒸汽泄放的条件下自动保持在主涡轮管道内的蒸汽压力;

· 按照控制系统“长风-80”的信号降低供水流量到所要求的水平,并且阻止蒸汽发生装置的功率在超出所允许水平上的增加,功率的允许水平是由设定信号系统形成的;

· 由蒸汽发生装置的操作员将关于螺旋桨电力装置功率限制设定的光信号和关于供水阀门和节流阀门状态的信号提交到控制台;

· 按照操舵室的信号紧急增加蒸汽发生装置的功率;

· 按照控制系统“长风-80”的信号关闭供水阀门,一直关闭到能够取消关于供水流量超过限定值的报警信号的水平,但是关闭的开度不能低于 15%;

· 在供水阀门的关闭低于 15%,以及缺少系统故障报警信号的情况下,屏蔽事故防护系统关于减少供水流量的控制信号;

· 在供水阀门的关闭达到 5%之后,可以通过控制系统“马尔斯-80”的预备启动按钮取消事故防护系统的报警信号;

· 将供水阀门的实际状态信息传送给控制系统“马尔斯-80”;

·对于系统故障的监控以及将故障信号传送到控制系统“长风-80”。

控制系统“伏尤佳-80”包括下列液压和电动液压装置:

·带有私服电机的供水阀门,用于调节蒸汽发生器的供水流量;

·带有私服电机的节流阀门,用于供水流量的节流,目的是维持在供水阀门内恒常的压力差,这个压力差是为了获得调节阀门的状态与通过阀门的水流量之间的线性关系;

·电动液压控制单元的作用是将远程控制的电信号转换成设备接收喷口的做功水压力差,相应地,也是在供水阀门私服电机腔体内的压力差;

·防护单元的作用是在具有单向压力所造成的压力差情况下保护调节器的测量部分;

·压力差调节器适用于测量供水阀门内的压力差,并且形成设备接收喷口处做工水压力差形式的控制信号,以及相应的在节流阀门伺服电机腔体内的压力差;

·压力传感器的作用是测量在主蒸汽管道内的蒸汽压力,而蒸汽压力是由控制电信号所形成的。

供水阀门和节流阀门的结构包括手动传动装置、旁通阀门、随动机件、状态传感器和带有套筒与联结杆的伺服电机。

电动液压控制单元的结构包括带有两个弹簧阀门的装置主体和两个液压转换器。

防护单元的结构包括外壳、两个截止阀门、两个移注安全阀和定位弹簧。

压力传感器的结构包括:将位移转换为电信号的电感式变换器(电路部分)和波纹管式的压力计(液压部分),以及定位弹簧。

在供水阀门和节流阀门的自动和远程控制条件下,在通过止回阀被引入伺服电机腔体中的做功水压差的作用下,会在伺服电机的活塞上形成移位作用力,它会使活塞和调节阀门的联结杆产生位移,同时增大或者减小阀门的通过截面。

在手动控制的条件下,调节阀门的开度值是根据本地的指示器刻度确定的,而阀门的联结杆位移是通过手动传动装置完成的。

系统所需要的供应如下:由系统“坦肯斯-80”所提供的 400 Hz 220 V 的供电,以及从做功水系统提供的在温度不超过 50 ℃条件下 1.1 MPa 的压力。系统所需要的电能是在功率因数为 0.45 条件下的 0.5 kW,过滤器做功水的供水流量不超过 3 m^3/h。阀门的行程为(50±0.2)mm。

向自动化装置停止供应做功水和停止供电不会引起事故工作模式。在这种情况下,供水阀门和节流阀门的状态不会改变。通过完全关闭的供水阀门和节流阀门产生的泄露在它们的总压差为 4 MPa 的情况下不会超过每小时 5 m^3。

系统的所有单一型号的单元和模块都是可以互相替换的,在替换时允许进行微调。

每一个通道的供水阀门都具有自动和远程控制功能,节流阀门则只具备自动控制功能。

压差调节器的工作原理是基于节气门的位移可以转换成在设备出口处的做功水压力差,而节气门的位移是与在被测量压力差作用下测量波纹管的变化直接相关的。节气门位移转换成压力差是通过液压放大器“喷口-节气门”实现的。

8.5 控制系统“长风-80”

系统主要用于完成下列功能:

· 对从单独传感器,配件状态信号发生器,还有从与堆舱相关的系统接收到的信号进行逻辑处理,形成关于堆舱和它的服务系统的设备参数出现异常的信号,并将信息提交到系统的记忆电路和显示器;

· 形成并发出对配件、机械机构和堆舱其他设备的控制指令,目的是保护主要设备和辅助设备,以及对事故情况的定位;

· 与“马尔斯”系统和“伏尤佳”系统联合工作,远程和自动启动并预热核反应堆,控制和调节核反应堆装置的功率,以及将核反应堆停机和进行冷却;

· 控制堆舱装置的工作;

· 核反应堆装置电动机械设备的远程启动和停机;

· 对核反应堆装置配件状态的远程控制;

· 对核反应堆设备状况、配件的状态、机械结构的情况、设备工艺参数的值,以及核反应堆装置的伺服系统的监控;

· 形成并发出对于安全系统执行机构的自动控制指令;

· 对安全系统执行机构的远程控制;

· 形成并发出在一回路水泵或者蒸汽发生器停止工作的情况下核反应堆装置的功率限制指令;

· 辨别事故防护系统启动的第一原因,屏蔽接收伴随的防护信号;

· 在装置的启动和停机期间自动屏蔽事故防护系统关于降低供水流量的控制信号;

· 自动屏蔽事故防护系统对于以高速模式工作的一回路水泵停机的控制信号,控制信号是由水泵控制切换开关所发出的;

· 在启动动力工作模式和装置停机的期间自动重新调整关于一回路的压力降低和注水的事故防护系统控制信号的设定值;

·切换服务于应急控制台的监控传感器供电电源；

·从破冰船的监视信号设备接收关于主冷凝器 1、2 的停机信号，并给出蒸汽发生装置功率的限制指令。

8.6　控制和防护系统“马尔斯-80”

系统主要用于核反应堆关于核功率的控制与防护。系统能够和那些不属于它组成部分的设备，以及其他的系统一起保障工作的完成，这些系统有：

·蒸汽发生装置的控制系统（“长风-80”系统）、供水流量控制系统（控水阀门控制系统“伏尤佳-80”）、集中供电系统（“坦肯斯”系统）、集中监控系统（“Бриз-80”系统）、定量测量监控系统（“博洛尼”系统）。

“马尔斯”系统完成下列基本功能：

·远程启动核反应堆并监控它的参数：包括启动电离室电流的对数尺度下的功率，功率的倍增周期，初级载热介质的温度，以及脉冲电离室周期和脉冲的跟踪频率；

·以设定的周期和在电流上被监控的启动电离室的功率水平进行自动启动；

·以预定的加热速度对在热介质的加热进行自动控制，即在启动过程中达到改变载热介质温度的预定速度，一直到温度达到额定值的“平均”温度为止；

·初级载热介质加热的远程控制；

·对于紧急降低装置功率到功率限制水平的自动控制；

·对于维持初级载热介质温度在设定的平均温度范围内的自动化继电器控制；

·核反应堆功率的监控（监控从脉冲探测器发出脉冲的跟踪频率，启动传感器的电流，带有自动信号显示修正的工作电离室的电流，显示的信号是与供水阀门的状态成正比的）；

·对于补偿群组驱动机构的自动和远程控制；

·对于核反应堆事故防护系统执行机械机构的远程和自动控制；

·向应急控制台发出补偿组件已经移动到最低尾端位置的信号，以及事故防护系统执行机械机构的信号；

·在预备蒸汽发生装置启动期间或者两次航行之间的间隔期间对于系统故障的定期监控。

系统向集中监控系统发送下列参数：

· 初级载热介质在装置入口和出口处温度的平均值；

· 核反应堆实际功率的平均值，这个值是在工作传感器的电流被监控的情况下，以及按照供水阀门的联结杆状态进行修正之后的结果；

· 与工作传感器的电流成正比的电压；

· 事故防护系统向“长风-80”系统发出的信号；

· 每一个补偿组件的状态。

系统能够和不属于它组成部分的设备一起联合工作：核反应堆补偿组件的传动装置（5 个）；核反应堆事故防护系统的执行机械机构（4 个）；以及下列传感器和信号发生器：装置入口和出口处的载热介质温度传感器（“铬镍合金-铜镍合金”热偶 TXK-1072）（6 个），装置的中子流功率传感器（型号为 КИТ-54-1 的脉冲式电离室）（2 个），并带有型号为 ПИК-12-1 的脉冲式电离室的吊装设备（2 个），带有吊装设备的型号为 КНК-53М 的电离室（7 个），型号为 КЛТ-40 的状态传感器（5 个），型号 КЛТ-40 的基准点传感器（5 个），它们分别是构成每一个补偿群组驱动机构的组成部分；事故防护系统控制棒组的极限位置信号发生器，即型号为 КИВ 的末端感应式开关（8 个），它们是构成应急保护驱动机构的组成部分，每一台执行机械装置上有两个开关；关于事故防护系统外壳泄漏的信号发生器（4 个），它们分别是每一个应急保护驱动机构的组成部分。

8.7 供电系统“坦肯斯-80”

“坦肯斯-80”系统用于堆舱技术设备船用控制系统中自动化仪器的供电，并保障：

· 频率为 400 Hz，电压为 220 V 的交流供电在系统“泰梅尔-80”“Бриз-80”“马尔斯”“伏尤佳-80”和“长风-80”之间的分配，这些系统都是构成中央动力舱的成套系统的组成部分，以及使用型号为 АК-25 的自动切断开关保护输出馈线不被短路电流破坏；

· 电流整流和输出馈线短路电流的防护；

· 当任何一相的电压降低到 160～145 V 的区间，以及频率下降到 352～342 Hz 的区间时，发出“干”接触模式的控制信号用于切断为船用控制系统供电的 400 Hz 反馈线；

· 关于设备中每一个自动化切断开关状态的“干”接触模式的远程信号系统；

（备注：术语“干”接触是指控制电信号与被控制设备的电路不发生关联）

· 自动化切断开关状态的本地显示以及通过指针式仪表对 400 Hz 电网参数(频率和电压)的可视化监控;系统由配电设备 80TA4-1、80TA4-2 和防护设备 80TA4-3、80TA4-4 构成。

第9章 破冰船和核动力装置的主要安全保障

9.1 电离辐射的特性

放射性是不稳定的原子核自发的转变成其他元素原子核,同时伴随着释放出带电粒子的核辐射(γ 光子)及原子核裂变;放射性用每秒钟裂变的数量来衡量。在国际单位制中,放射性的单位是 Bq,它对应的是每秒钟一次裂变:1 Bq 等于每秒钟一次核裂变(系统外放射性的单位是 Ci)。

从核反应堆发出的基本放射性危险源是中子和 γ 射线,它们具有很高的穿透性能。为了阻挡这种辐射,以及保护人员与外界环境免于这种辐射,核反应堆被初级防护层环绕着,初级防护层是由专门材料组合构成的(钢材和水)。从核反应堆堆芯区域发出的所有能量的中子注量率约为 10^{13} cm^2/s。

中子防护的基础是装满水的水箱,水箱内带有钢制的夹层。作为中子流防护的补充材料,还使用特制的混凝土和聚乙烯预制板。对于 γ 光子的防护是采用铅。在核反应堆堆芯区域外壳的侧表面,γ 注量率大约为 10^{12} cm^2/s。

在核反应堆内中子会活化主冷却剂,也就是水。在它里面会产生具有长寿命和短寿命的放射性核素,这些核素的衰变就决定了工作核反应堆载热介质的放射性水平。在快中子的作用下会形成氮的同位素,原子质量分别为 16 和 17,它们的半衰期分别约为 7.13 s 和 4.17 s。

放射性粒子 N16 和 N17 和附加的氧同位素 O19 就构成了载热介质自身成分的活化产物。初级载热介质会被核裂变产物铀-235 所污染,它们作为工艺过程的杂质会出现在吸热组件的外表面上。

在一回路之后按照放射性潜在危险的级别排在第二位的就是第三工艺回路,第三回路作用是保障核反应堆装置的冷却,并包括核反应堆金属水防护用的水箱。这个回路防护水箱中的水遭受了中子的辐照,中子流在核反应堆附近的注量率为 10^{11} cm^2/s。第 3 回路水的放射性通常不会超过 3.7×10^4 Bq/kg(1 mCi/kg)。固结残渣的 β 放射性极限值位 1.8×10^5 Bq/kg(5×10^{-6} Ci/kg)。输送到蒸汽发生器的供应水和蒸汽发生器所产生的蒸汽被中子活化的程度非常小。正常的比放射性不超过 3.7 Bq/kg(10^{-10} Ci/kg),对于第二工艺回路的极限值为 3.7×10^{2} Bq/kg(10^{-8} Ci/kg),其中包括管道、供水供气系统的设备和二回路冷凝液。

在核动力装置正常运行条件下,它算是最安全和环保的装置,而在事故情况下就变成最危险的装置,因为会释放出大量带有放射性的物质。

在破冰船上可能会有下列类型的电离辐射:

· γ 射线辐射;

· 中子辐射;

· β 射线辐射;

· α(阿尔法)射线辐射。

γ 射线辐射是光子电离辐射,它是在原子核转化的情况下发出来的,体现为高能的电磁场量子流(γ 光子)。量子流在穿过物质的时候会衰减,并且它的特性可以用半衰减层描述(对于水来说是 10 cm,对于铁是 2 cm,对于铅是 1 cm)。

中子辐射是非带电粒子流,中子是在核反应堆内由原子核裂变所生成的。中子和光子类似,也是间接电离粒子。在中子辐射场中介质的电离会产生成带电粒子,这是在中子和物质的相互作用下产生的,它的特性也可以描述成半衰减层,同时对它们最有效的衰减物质是含氢物质:水、聚乙烯、蛇纹石混凝土(水的半衰减层为 6~7 cm)。

β 射线辐射是带有连续能量谱的电离辐射,它是由带负电(或正电)的轻粒子电子(或正电子)构成的,它们是在原子核或者其他不稳定粒子的放射性 β 衰变过程中生成的,特点是具有最大的频谱能量。对于 β 粒子的每一种能量都存在着最大传播距离,就是说材料的某一个厚度能够完全吸收所有的 β 粒子(在水里和生物组织里为 10 mm,在空气中为几米)。

阿尔法辐射是电离辐射,它是由带正电的氦原子核构成的,粒子是在原子核转化过程中所释放出来的。氦原子核由两个中子和两个质子构成(质子和中子具有几乎一样的质量,大约为电子质量的 1 840 倍)。α 粒子拥有很大的电离能力和较小的穿透能力。α 粒子的最大传播距离比 β 粒子要小得多,大约为在水中和生物组织中 50 μm,在空气中为几厘米。

电离辐射的基本生物学效应体现在对生物组织中所包含水的电离上。在生物组织中水占有 60%~70%的质量。由于复杂的化学反应结果在组织中会生成氢和氢氧自由基,它们是不带电的。

自由基在人体组织中会引起生物化学过程,它会导致血液和组织细胞中的变化,这会减少生物组织的防护能力。

电离辐射会引起两类的生物化学效应:

· 确定效应(这是辐射病、皮肤的辐射破坏,其中有脱发、白内障、胎儿发育异常、繁殖功能损伤),它是在接受的辐射量超过确定的限度和损伤阈值的情况下造成的,通常来说就是取决于所接受辐射量的大小。

· 随机性效应(这是肿瘤疾病、白血病,以及能够遗传给后代的发育和身体异常),这个效应没有辐射量的阈值;通常来讲,所接受辐射量大小所决定的不是上述效应的程度,而是产生效应的可能性;这些效应从被辐射的时刻算起随着时间的进展才能被分辨出来。

核安全的目的就是防止有害的确定效应和限制可能产生的随机性效应,使它们达到被认为是可接受的水平。

9.2 电离辐射测量的单位

吸收剂量是指任意一种物质的单位质量所吸收的平均能量,与电离辐射的种类和能量无关。作为吸收剂量的单位在国际单位制中为 Gy,1 Gy(1 Gy=1 J/kg)的单位对应着 1 kg 物质平均吸收 1 J 的电离辐射能量。在实践中使用系统外的单位 rad(1 rad=10^{-2} J/kg,等于 10^{-2}Gy)。

剂量率是指单位时间内所获得的辐射剂量。在国际单位制中使用 1 Gy/s,它等于 1 J · s^{-1}/kg,即等于 1 W/kg;,系统外的单位使用 1 rad/s。当谈到组织剂量的时候,所指的是在类似人的生物软组织(肌肉组织)中所吸收的剂量,生物软组织的重量含量组分为:氢 10.1,碳 11.1,氮 2.6,氧 76.2(百分数)。

为了评价对于某个器官或者组织的电离辐射危险程度使用了“剂量当量”“H”的值,它是由吸收剂量“$Д$”乘以权重系数“W”得到的(也就是说当前器官或者组织的质量对于辐射产生不良后果的风险是有贡献的),这个参数对于具体辐射的种类是特定的。剂量当量的测量单位是 Sv,系统外的单位是生物伦琴当量,(1Sv 等于 100 R)。在器官同时受到几种电离辐射的情况下,它们的剂量当量叠加到一起。对于单独种类电离辐射的权重系数被列在核安全标准 НРБ-99 中:

比如任意能量的光子,电子为 1;

· 阿尔法粒子为 20;

· 中子(取决于它的能量)为 5~20。

对于不同的人体器官和组织所受到的辐射不平均的情况使用了有效剂量的概念(E)。

$$E = \sum_{r} W_r \cdot H_r$$

其中,H_r、W_r 代表针对某个器官或者组织的等效剂量和权重系数。

权重系数的数值应该等于 1。破冰船运行条件的特点是对于所有组织的辐射都是均匀的,因此等效剂量对于每一种器官和组织都是一样的,也就是说 $E=H$。有效剂量单位与等效剂量单位是一样的。对于工作人员和居民中的单独人员确定了基本的辐射剂量极限值。对于工作人员(“A”组)为在任意持续 5 年的时间内平均每年 20 mSv,但不能超过 50 mSv/a。对于居民中的人员为在任意持续 5 年的时间内平均每年 1 mSv,但不超过每年 5 mSv。对于“Б”组工作人员辐射计量不应该超过“A”组工作人员的 1/4,也就是对于“Б”组人员基本剂量的极限值为在任意持续的 5 年时间内平均每年 5 mSv(0.5 R),但不超过 12.5 mSv(1.25 R)每年。

若计划提高辐射剂量只能允许针对大于 30 岁的男子,并且只能在得到他们自愿的书面同意情况下进行,并且在告知他们关于可能的辐射剂量对于健康的危害和风险之后:

·100 mSv(10 R)每年的标准必须得到国家卫生防疫局地方机关的批准才可实施;

·200 mSv(20 R)每年的标准必须得到国家卫生防疫局联邦机关的批准才可实施;

在下列情况下不允许提高辐射标准:

·对于在早期已经有一年的期间接受了等效剂量为 200 mSv(20 R)辐射的人员;

·对于持有医疗机构反对从事与辐射源相关工作的证明的人员。

对于伦琴辐射和伽马辐射 1 Sv 在生物效应上等效于 1 Gy。比如对于哺乳动物能够致死的电离辐射剂量等于 5 Gy(500 rad),对应于吸收的辐射能量为 5 J/kg。如果将这个能量换算成热量形式,则它只能够把身体加热 0.001 ℃(大约相当于一杯热茶所含有的能量)。正是因为介质分子和原子的电离和激发决定了这种辐射的特殊效应。

经常采用系统外的放射性单位 Ci。这种放射性意味着在一种介质中每秒钟发生 3.7×10^{10} 次衰变(微居里(μCi)= 每秒钟 3.7×10^{4} 次衰变,毫居里(mCi)= 3.7×10^{7} 次衰变)。

9.3 放射性损伤的特点

强烈的辐射损伤都具有阈值,也就是它们只在将辐射剂量提高到某个强度之后才会出现。在整个身体的一次性 0.25 Gy(25 rad)剂量以下的均匀 γ 辐射下,不会观察到人体健康状况的任何改变,也不会观察到在血液里的改变,血液是首先对辐射作用有反应的组织。

在吸收剂量 0.25~0.5 Gy(25~50 rad)的情况下同样不会出现辐射伤害的任何标志。只能够观察到在血液中临时性的改变,但它会迅速恢复正常。

在 0.5~1 Gy 的区间会在没有工作能力严重损失的情况下产生疲劳感,少于 10%的被辐射对象会产生呕吐,并观察到在血液成分上适度的改变。但很快健康状况恢复正常。各种急性辐射疾病的发作是在一次性辐射剂量高于 1 生物伦琴当量的情况下(100 rad)。

急性辐射疾病的轻微症状会在吸收剂量为 1.5~2.0 Gy(150~200 rad)时出现。它会以慢性长期疾病的形态出现,淋巴细胞减少。有 30%~50%的概率可能观察到在接受辐射之后第一昼夜出现呕吐。没有出现致死的结果。

中等严重程度的辐射疾病会在剂量 2.5~4 Gy(250~400 rad)的区间产生。几乎所有的人在第一昼夜都会有恶心和呕吐,集聚血液中的白细胞含量急剧下降,出现皮下出血,有 20%的概率可能会导致死亡(在接受辐射之后的 2~6 个星期死亡)。

出现严重辐射疾病是在剂量 4~6 Gy(400~600 rad)的情况下。有 50%的概率会在接受辐射之后一个月的期间内死亡。极其严重的辐射疾病会在剂量超过 6 Gy(600 rad)时出现。在接受辐射之后 2~4 h 会出现呕吐,血液中白细胞完全消失,出血性腹泻,皮下大量出血,死亡的概率是 100%。

所引用的关于辐射作用后果的数据是针对没有治疗的情况。在当前已经拥有了一系列的反辐射手段,并积累了成套的治疗辐射病的成功经验,这些能够排除在辐射剂量约为 1 000 h 情况下的死亡。

如果辐射在时间上被拖长,连续接受或者零散的接受辐射,则辐射的作用效果会降低,因为人具有恢复机能,可以恢复被破坏的生命活动系统和功能。在有规律的重复性辐射情况下能够发展成慢性辐射疾病。这种情况有可能在辐射剂量低于能够引起急性辐射疾病的剂量,但明显高于允许剂量极限的情况下发生。这种疾病的特征标志是在血液成分中的变化(白细胞数量的减少,贫血)和神经系统方面的系列症状。

9.4　监控系统“卡尔克-04”

破冰船的所有空间被分成三个放射性区域：

1. 被监控区域(带有空气排放管道的堆舱)；

2. 被观察区域，包括那些在二回路泄漏的情况下有可能出现放射性激发的区域，以及气溶胶和辐射测量传感器区域；

3. 没有放射性的区域，包括所有其他区域：生活区，服务和公共区域，它们距离堆舱主横隔板的距离，在舰桥和甲板上不小于 7.2 m，在主甲板上不小于 12 m，在舰体内不少于 25 m。

放射性监控的成套自动化系统“卡尔克-04”用于在运行期间，停泊期间，维修和堆芯区重新加载期间对评估和维持放射性安全的设计标准所必须的信息收集、处理与反馈。

这个成套系统也能够完成乘组成员的辐射剂量监控，检查辐射剂量是否符合放射性安全标准 НРБ-76-87，“基本卫生条 ОСП 72/87，对于核动力船舶的放射性卫生要求 РГТ-АС-81”。

“卡尔克-04”成套系统包括：

· 放射性监控的信息测量系统 ИИСРК-02П；

· 固定的、便携和可移动的辐射测量与定量测量的成套监控仪器，型号为“РТК”和“РДК”。

放射性监控的信息测量系统能够借助于固定的探测单元保障不间断地进行辐射测量监控和放射性定量测量监控，并且能够监控非放射性的参数。活性工艺介质的测量(核动力蒸汽发生装置的回路中的水)，固态和液态废料的测量，食物的测量，饮用和洗浴用水的测量，气体和气溶胶测量，表面污染的测量，人体组织中放射性测量和个人放射性的定量测量。放射性监控的信息测量系统完成下列具体功能：

· 一回路状态的监控；

· 从一回路向二回路的泄漏监控 ，并发出用于切断具体某个蒸汽发生器的控制信号；

· 从一回路向第三回路的泄漏监控；

· 从一回路向堆舱区域的泄漏监控；

· 向外界环境的排放监控；

· 居住条件的监控；

·个人放射性定量测量监控；

·非放射性参数的监控；

·放射性状态的监控并发出关于允许在被监控区域停留时间的信息；

·系统的自我监控。

这样，这个成套系统能够在核动力蒸汽发生装置运行期间实现下列功能：

·γ 辐射等效剂量的强度测量和从一回路载热介质发出的中子流密度测量；

·在工作设备表面上的气体和气溶胶中放射性物质的含量监控；

·乘组成员的衣服和鞋表面上的 γ 射线、β 线射和中子流辐射的等效剂量率测量，以固体的、液体的和气态的采样方式进行测量；

·外部环境的放射性监控；

·确定从蒸汽空气混合物发出的伽马射线辐射等效剂量的强度；

·确定在衣物表面上 β、γ 射线辐射的吸收剂量率；

·确定核动力蒸汽发生装置第二和第三回路蒸汽管道内的蒸汽空气混合物，和抽吸喷嘴所喷射气体的 β 体放射性活度；

·确定在第三回路扩展储存罐上方的气体，向外界环境排放的气体，以及主桅杆排放口处的气溶胶的 β 放射性活度。

9.5　一回路状态的监控系统

一回路状态的监控包括解决下列任务：

·燃料棒包壳的气密性监控；

·对于从体积补偿器出来的高压气体管道内是否存在一回路循环水的监控；

·一回路管道的特殊处理有效性的监控；在第一和二回路过滤器液压过载情况下的吸附剂放射性的测量；

·一回路水中杂质成分的放射性颗粒的确定和测量；

对于释热棒外罩的气密性监控归结于一回路循环水放射性的不间断测量：

·在一回路离子交换器前端总的伽马射线放射性（包括稀土元素的放射性颗粒），以及在一回路过滤器后端的 β、γ 射线的放射性；

·中能中子注量率；

·中子流辐射的等效剂量率。

一回路载热介质总的 γ 射线放射性是由于下列条件所积累的：

1. 所引入的氮和氧的 γ 射线放射性；

2. 所引入的腐蚀产物的 γ 射线放射性（金属钴、铁、锰和其他）；

3. 裂变产物的 γ 射线放射性；

4. 一回路管道的内部污染的 γ 射线放射性。

第 1 和第 2 个值取决于核动力蒸汽发生装置的工作功率，并取决于一回路载热介质中存在的杂质；第 3 个值取决于区域的状态，而第 4 个值基本上是一个恒定的值，或者缓慢变化的值，并且可以在装置停机的情况下确定。在运行模式下初级载热介质放射性的监控是通过三个探测单元 БДМГ-33 实现的，它们安装在一回路管道的附近，处于仪器区域。为了扩展测量范围，一个探测单元被安装在设备房（铅制的）的里面，而第二个探测单元则安装在它的外表面上。

安装在一回路过滤器入口和出口的探测单元的使用也保障了对树脂工作能力的监控，树脂是装载在一回路过滤器里的。

对于载热介质 γ 射线放射性的监控是通过使用型号为 ПН-12 的探测单元对缓发中子等效剂量率的测量实现的，探测器安装在“设备房”里面，还有安装在蒸汽发生器 4 外罩上面的型号为 МН-06 的探测单元。

探测单元的显示值超过了阈值，则表明燃料元件中的气密性破坏程度增大，这会导致在初级载热介质中裂变产物 ^{137}Cs（主要）、^{87}Kr、^{88}Kr 的浓度增大。

对于从体积补偿器出来的高压蒸汽管道内是否出现一回路循环水的监控，是使用 γ 射线辐射等效剂量率的测量单元实现的，测量单元的型号为 БД МГ-04、БД МГ-03，它们被安装在仪器区。

为了监控探测单元的专门处理，以及在过滤器的可拆卸支管内液压超载的情况下监控所生产的一回路过滤器的放射性吸附剂，使用了探测单元 БД МГ-03 和 БД МГ-05，它们借助于电缆延长器通过安装在仪器区域的原配插座被接入电离辐射测量监控系统。

一回路系统的放射性安全

1. 对于一回路系统的运行只允许属于“A”组别的人员进入。

2. 在一回路系统失去气密性的情况下，首要的任务是通过两条独立的管道以必要的流量保障核反应堆堆芯区域的供水，并尽可能地对损坏位置进行定位。

3. 维修和更换设备时，在一回路暴露之前必须：

· 确认在所暴露的腔体内没有压力；

· 采取必要措施，排除载热介质向仪器区域的底板或者向设备的注入；

· 采取必要措施，排除从一回路系统放射性气体和气溶胶的排放。

4. 确认一回路的温度不超过 50 ℃。

5. 在进行必须打开一回路的维修工作，以及在一回路系统中寻找泄漏点和进行泄漏定位的工作时，要采取一切措施排除：

· 服务人员被二次辐射；

·被载热介质喷淋和烧伤；

·放射性气体和气溶胶进入到身体组织内部，而且强度高于在文件“НРБ-99”中所规定的极限值。

6. 在对一回路系统进行液压测试时：

·采取必要安全措施（遮挡板，掩体和其他）；

·遵守被检测连接件的检视注意事项，不允许对它们进行拉拽、敲击和其他危险动作。

在一回路系统的运行期间，应该遵守动力装置核安全性指导手册的规定。

9.6 气体气溶胶的监控系统

气体气溶胶监控系统完成下列功能：

·一回路向二回路泄漏的监控：监控所有蒸汽发生器内的泄漏，查明正在泄漏的蒸汽发生器，查明蒸汽发生器的泄露分段；

·一回路向第三回路泄漏的监控；

·一回路向堆舱区域泄漏的监控；

·直接确定在区域内泄漏的地点。

被监测的气体是从场地的抽吸通风系统取样的，使用型号为 ELMO-G 的真空泵进行取样，除此之外，系统中还包括三台备用的微增压器，它们可以通过带有快速安装连接器的有弹性软管被接入到任何一个监控分支。取样出来的空气经过气溶胶过滤器、流量继电器、探测单元，然后到达主桅杆上的排放收集器。

为了确定具体的泄漏位置，使用了“泄漏巡查”通道。泄漏巡查管道被引入到下列区域：仪器区域，设备区域，仓库区域，高压气体压缩机区域，第三回路水泵 1、2 区域，放射性化学实验室区域，高纯水储存罐区域，管道在每一个区域的终端都安装有截止阀门（泄漏的巡查是通过柔性软管实现的，它连接在这个阀门上）。

在仪器区域的“泄漏巡查”管道应用在下列场合：

·用于查找正在泄露的蒸汽发生器；

·用于巡查蒸汽发生器的泄漏分段；

·用于查找蒸汽发生装置的设备可拆卸连接处的气体泄漏，通过从设备和管道可能的泄漏位置抽吸空气的方法实现。

9.7　个人的放射性定量监测

为了监测和记录所有“A”组的乘组成员个人的辐射剂量，每个人发放个人定量检测仪“ALNOR”，它能够测量在破冰船工作频率上的 γ 光子辐射和中子流辐射在身体上的等效剂量；检测剂量的范围为 10 μSv～100 Sv（从 1 mR 到 10 000 mR）。使用个人定量检测仪进行监测对于所有“A”组的工作人员是必需的。定量检测仪能够很好地保存所积累的剂量（每年流失 5%），因此通常它们的发放间隔为 4 个月。

作为放射性保护和防护手段建议使用“Б-190”制剂；在放射性的碘有可能进入机体组织的情况下，建议使用药品“K1”（放置在中央控制台的保险柜里）。

可以根据 β 放射性和阿尔法放射性总的比放射性对于饮用水的使用许可进行预评估，比放射性相应的不应该超过 1 Bq/kg 和 0.1 Bq/kg（HPБ-99）。

在发生事故级别放射性危险的情况下发出警报信号“放射性危险”：是一短和两长的巨大敲击声音序列。信号还会被船上的播放系统进行同步播报，并指示出事故的性质。比如在一回路的载热介质向二回路（这是被观察区域）泄漏的情况下，从设计中最大的事故发生之后 24 h（连续处于事故区域）之内能够预计可监测到的人员辐射剂量为：

中央控制台为 0.36 mSv（36 mR）。

机器与锅炉舱段为 2.5 mSv（250 mR）。

舱室为 0.7 mSv（70 mR）。

在整个事故期间任何一个乘组成员的事故剂量不超过 0.1 Sv（10 R）。

对于“A”组培训乘组成员个人放射性定量监测是通过下列仪器完成：

· 系统 AA HOP 热释光的反照率剂量计。

· 成套仪器 КИД-7 的热释光剂量计系统 РД-02、РД-02。

· 成套仪器 КИД-6A 的两个冷凝器剂量计 Д-2、Д-500。

· 剂量计-信号发生器 ДКС-04。

· 剂量计 Д-2 发给工作人员用于经常携带，以及在 K3 区域的操作性监测。这些剂量计上具有与乘组成员的姓名相关联的号码。剂量计的更换是一个月一次，计量器携带在衣服的口袋里。

可以使用成套仪器 КИД-6A 的剂量计 Д-500，或者成套仪器 КИД-7 的 РД-02、РД-02 剂量计作为事故剂量计，它们是在下列情况下被发放给乘组成员：

· 在访问第一类监控区域的情况下；

· 在被派往具有放射性危险的工作岗位时；

· 在工作位置的放射性状态信息不足的情况下。

对于“Б”组培训的乘组成员不要求进行经常性的个人放射性定量监测。

结　束　语

破冰船“泰梅尔”号和“瓦尔卡奇”号核动力装置系统的实际运行经验表明，它们对于其他类型的船用动力装置系统在保障北极西部沿着叶尼塞河的全年航行方面，具有无可争议的优势。

为了更方便地得到天然气、石油，特别是煤炭等有机能源来满足急剧增长的能源需求，这种做法会导致非常严重的生态危机，因为温室气体过量向大气排放会引起环境恶化。核能的使用开创了一种新的可能性，能够降低燃烧产物对环境污染的速度。可以预见，核动力装置大规模发展的前提条件是必须解决核动力装置的经济性、安全性，核燃料的再生，核废料的储存以及不扩散核武器方面的难题。这就要求完成核燃料的循环利用，引进新型的核燃料，扩展核能在供热、海水淡化领域、交通和适合应用供热堆地域的供暖等方面的使用范围。

未来核动力装置发展的主要方向如下：

· 发展中等功率和大功率的轻水堆；

· 制造含钠载热介质的快中子堆和高温核反应堆；

· 建造和运行熔盐堆。

为了发展大规模的核动力装置需要制取并使用人造的核裂变同位素：^{239}Pu和^{233}U，它们需要闭合燃料循环利用技术的支持。没有快中子堆里面的核燃料再生技术，核动力装置就会失去发展潜力，因为能在热中子反应堆上应用的廉价铀资源按照等价的能量计算少于石油和天然气，甚至大大少于煤炭。

如果核动力能源的热效率还停留在33%~35%的水平上（在核动力船上的核动力装置小于24%~25%），那么核能的竞争力就没有优势，因为在传统动力装置上热效率已经达到了50%。由于使用了具有超临界参数的载热介质，因此在轻水堆核动力装置上热效率有可能得到显著提高。蒸汽参数的提高、超临界压力的运用也能实质性地提高热效率。

基于粉煤燃料单位功率达到1 100 MW的新型高经济性能动力机组，已经在欧洲和日本开始建造。动力机组在蒸汽参数为25 MPa、540~560 ℃的情况下，一次的再加热具有43%~44%的热效率。比如，在美国投入使用的基于天然气的动力机组在更高的蒸汽参数（29 MPa，580 ℃）下，热效率达到了49%。在日本将要建造的具有更高蒸汽参数（压力超过30 MPa，蒸汽温度为630~650 ℃）的动力机组是最优先发展的项目之一。欧洲正在设计具有更高参数的动力机组，它具有在压力为37.5 MPa和温度为700~720 ℃下的二次再加热能力，它的供应水可以再生加热到350 ℃，冷却水温度达到5~10 ℃，所以它的热效率可以达到52%~55%。

直流式水冷核反应堆的特点在于通过堆芯区的载热介质流量很少，因为没有再循环，而在堆芯区域保持了很高的焓值，使蒸汽从核反应堆直接到达涡轮（原因是装置的结构为单回路）。

直流式水冷核反应堆的应用可以去掉结构中的分离器和蒸汽发生器，这样就大大简化了装置，降低了造价，并且使通过核反应堆的水流量大幅度减少。这个方案的最大优势在于，可以应用到热电站上已经开发和使用的成套装备上，从而降低核动力装置在设计、建造和运行上的成本。除此之外，所有的动力装置（热动力和核动力）都将具有类似的结构，并且都可以安装同一类型的设备。

附　　录

下面所列出的是俄罗斯历史上从 1960 年开始建造的北极破冰船的型号清单(建造年份和首舰的名称):

1960 年,型号为"莫斯科"的破冰船(5 艘),功率为 16 000 kW,是俄罗斯首批带有 3 个螺旋桨的柴油动力北极破冰船。

1974 年,型号为"艾尔马克"的破冰船(3 艘),功率为 26 500 kW,是当时世界上最大的柴油电力北极破冰船,并带有气动吹洗系统。

1975 年,型号为"阿尔克吉卡"的核动力破冰船(5 艘),功率为 56 000 kW,以及带有核动力装置和涡轮齿轮机组的载驳船"谢夫摩尔布奇"号。

1976 年,"伊思马伊洛夫上校"号破冰船(3 艘),功率为 2 500 kW,是俄罗斯首批带有交流推进电机(1 台)的破冰船。

1977 年,"索罗金上校"号破冰船(5 艘),功率为 16 000 kW,是柴油浅吃水型北极破冰船。

1977 年,"切奇金上校"号破冰船(6 艘),功率为 3 400 kW,是带有 3 个螺旋桨的柴油电力浅吃水型破冰船,用于航行在西伯利亚河流上。

1979 年,型号为"斯特罗普吉维"的救援破冰船(5 艘),功率为 5 600 kW,带有柴油动力装置。

1980 年,型号为"西伯利亚"的破冰级别油轮(10 艘),功率为 12 500 kW,载重量为 3 200 t,用于在北极地区的河流上航行。

1982 年,"穆吉尤克"号破冰船(3 艘),功率为 9 100 kW,是带有步进调节螺旋桨、减速器以及气动吹洗系统的北极破冰船。

1982 年,型号为"CA-15"的多用途破冰船(19 艘),功率为 14 200 kW,载重量为 19 500 t,是俄罗斯第一批带有液压离合器和步进调节螺旋桨的破冰船。

1983 年,"叶夫多奇莫夫上校"号破冰船(8 艘),功率为 4 000 kW,是带有 4 个圆柱形管嘴螺旋桨的浅吃水型河上破冰船。

1988 年,型号为"巴尔奇赞斯克"的破冰船,功率为 2 900 kW,载重量为 2 500 t,是用于在北极海域航行的破冰船级别的油轮。

1989 年,"泰梅尔"号破冰船(2 艘),功率为 32 500 kW,是俄罗斯第一批核动力浅吃水型破冰船。